论中国学术思想变迁之大势

梁启超／撰

夏晓虹／导读

蓬莱阁典藏系列

上海古籍出版社

图书在版编目（CIP）数据

论中国学术思想变迁之大势 / 梁启超撰；夏晓虹导读.
—上海：上海古籍出版社，2019.5(2024.12重印)
（蓬莱阁典藏系列）
ISBN 978‐7‐5325‐8907‐4

Ⅰ.①论… Ⅱ.①梁… ②夏… Ⅲ.①学术思想‐思
想史‐研究‐中国 Ⅳ.①B2

中国版本图书馆 CIP 数据核字（2018）第 134335 号

蓬莱阁典藏系列

论中国学术思想变迁之大势

梁启超 撰 夏晓虹 导读

上海古籍出版社 出版、发行

（上海市闵行区号景路159弄1–5号A座5F 邮政编码201101）
(1) 地址：www. guji. com. cn
(2) E‐mail：guji1@guji. com. cn
(3) 易文网网址：www. ewen. co

印 刷 江阴市机关印刷服务有限公司
开 本 787×1092 1/32
印 张 6. 125
插 页 5
字 数 101,000
版 次 2019 年 5 月第 1 版 2024 年 12 月第 4 次印刷
ISBN 978‐7‐5325‐8907‐4/K·2513
定 价 29. 00 元

如有质量问题，请与承印公司联系

出版说明

中国传统学术发展到晚清民国，进入一个关键的转折时期。面对"数千年未有之变局"，旧传统与新思想无时不在激荡中融汇，学术也因而别开生面。士人的眼界既开，学殖又厚，遂有一批大师级学者与经典性著作涌现。这批大师级学者在大变局中深刻反思，跳出旧传统的窠臼，拥抱新思想的精粹，故其成就者大。本社以此时期的大师级学者经典性著作具有开创性，遂延请当今著名专家为之撰写导读，希冀借助今之专家，诠释昔之大师，以引导读者理解其学术源流、文化背景等。是以本社编有"蓬莱阁丛书"，其意以为汉人将庋藏要籍的馆阁比作道家蓬莱山，后世遂称藏书阁为"蓬莱阁"，因借取而为丛书名。"蓬莱阁丛书"推出后风行海内,为无数学子涉猎学术提供了阶梯。今推出"蓬莱阁典藏系列",萃取"蓬莱阁丛书"之精华,希望大师的经典之作与专家的精赅之论珠联璧合,继续帮助读者理解中国传统学术的发展与大师的治学风范。

目　录

《论中国学术思想变迁之大势》导读

夏晓虹

一

1902 年 2 月,自"戊戌政变"后流亡日本已三年多的梁启超,在横滨创办了《新民丛报》(半月刊)。3 月起,《论中国学术思想变迁之大势》陆续在该刊"学术"栏发表,所用"中国之新民"乃这一时期梁氏最著名的笔名,由此亦可究知其写作的缘起与用心。

据《新民丛报章程》标示,梁启超办刊的宗旨是,"取《大学》'新民'之义,以为欲维新吾国,当先维新吾民"(《本报告白》,《新民丛报》1 号)。因此,从《礼记·大学》篇引《康诰》"作新民"一语生发而来的"新民"思想,也成为其时梁启超关注与论述的中心。《新民丛报》第 1 号即开始连载的系列政论文《新民说》,对此作了充分阐释,为延续到"五四"以后的改造国民性话题开了先声。与此同时,在其他栏目出现的梁文,无论所谈为历史或现实、政治或文学,其着眼点也均在"新民"之道。《论中国学术思想变迁之大势》自不例外。

"百日维新"的失败,证明日本"明治维新"由上而下的社会政治变革方式在中国不能照搬;1900 年唐才常等在国内组织"自立军"起义失利,又使改良派"武力勤王"的计划破产。经此一系列重大打击,梁启超沉潜思索,转而以启发民智、鼓吹舆论为救亡图存、改革中国社会的入手处,"新民"理论于是应运而生。

《新民说》的出发点,一则曰:"国也者积民而成。"(《叙论》)一则曰:"'新'之义有二:一曰淬厉其所本有而新之;二曰采补其所本无而新之。"(《释新民之义》)也即是说,现代国家建立的基础,在于培植一代兼取中外优长的国民。因此,梁启超在写作《论中国学术思想变迁之大势》时,也秉持此义。

那段时间,梁启超一再引用宋代理学家程颐为文乃"玩物丧志"的说法,即使是讨论学术问题,也有意与"于国民之进步无当"的"今所谓涉猎新学、研究西书者"(《地理与文明之关系》,《新民丛报》1 号)相区别。而其所期待的"读书致用",即在"新民"。依梁启超之见:"新之有道,必自学始。"这也是梁氏纵观世界历史发展而得出的结论:

有新学术，然后有新道德、新政治、新技艺、新器物；有是数者，然后有新国、新世界。（《近世文明初祖二大家之学说》，《新民丛报》1号）

而在《新民说·论新民为今日中国第一急务》中，我们也可以读到"苟有新民，何患无新制度，无新政府，无新国家"的话，可见，梁启超是把"新学术"（与"新民"一样，此"新"字也作动词解）作为"新民"的利器，而列为当务之急。

刊登《论中国学术思想变迁之大势》前，梁启超先在《新民丛报》第1号发表了一篇《论学术之势力左右世界》，以为张目。文中所举证之哥白尼、培根、笛卡儿、孟德斯鸠、卢梭、富兰克林、瓦特、亚当·斯密、达尔文等，无一不出自西方，而其学说对于世界文明史均产生过巨大影响。篇末，梁氏寄语中国学者，谓其"即不能左右世界，岂不能左右一国；苟能左右我国者，是所以使我国左右世界也"。而这希望的落实，便在假借《论中国学术思想变迁之大势》的撰著，总结中国固有的学术思想之得失，以西方文化参补之，从而恢复上古与中古时代"我中华第一也"的学术"最高尚最荣誉之位置，而更执牛耳于全世界之学术思想界"（《总论》）。

为此，梁启超在论述中国学术思想变迁史时，便刻意突出了反对思想一统而主张学术自由的主线。篇中称"春秋末及战国"为中国学术思想的"全盛时代",推尊其"非特中华学界之大观,抑亦世界学史之伟迹也"。而追溯所以致盛的原因,虽列举七端,"思想言论之自由"为其中一因,但实际除了"由于蕴蓄之宏富也"与历史传承有关,其他"社会之变迁也"、"交通之频繁也"、"人材之见重也"、"文字之趋简也"、"讲学之风盛也",均关系到社会控制的松动。这是从外在环境的"自由"探求诸子百家繁兴的因由。

而从学术发展的内在机制看,梁启超同样力主精神的自由。他最推崇"战国之末"的学术思想,以之为"全盛中之全盛",并分析其表现有四:"一曰内分,二曰外布,三曰出入,四曰旁罗。""内分"者,指学派内部之分化;"外布"者,谓学派向外之扩张;"出入"者,弟子之转师他学也;"旁罗"者,宗师之兼采他说也。即使在最有强制色彩的"外布"中,梁氏看重的也是其交融的结果:"智识交换之途愈开,而南、北两文明,与接为构,故蒸蒸而日向上也。"归根结底,酿成学术最高峰时代的内因,实在"思想自由,达于极点"(俱见第三章《全盛时代》)。

与之相对应,两汉的"儒学统一时代",则被梁启超视为中国学术思想进步"自兹凝滞"的转捩点。其说曰:

夫进化之与竞争相缘者也,竞争绝则进化亦将与之俱绝。中国政治之所以不进化,曰惟共主一统故;中国学术所以不进化,曰惟宗师一统故。

因而,汉武帝运用专制势力"罢黜百家"而制造的"儒学统一",在梁启超看来,便绝"非中国学界之幸,而实中国学界之大不幸也"(第四章《儒学统一时代》)。

在刊于《新民丛报》第2号的《保教非所以尊孔论》中,梁启超对学术思想定于一尊之害有更痛切而淋漓尽致的阐发。虽文字稍长,但因其关乎梁氏对于中国学术的基本判断,故仍完整引录如下:

我中国学界之光明,人物之伟大,莫盛于战国,盖思想自由之明效也。及秦始皇焚百家之语,坑方术之士,而思想一窒;及汉武帝表章六艺,罢黜百家,凡不在六艺之科者绝勿进,而思想又一窒。自汉以来,号称行孔子教者二千余年于兹矣,而皆持所谓表章某某、罢黜某某者,以为一贯之精神。故正学异端有争,今学古学有争;言考据则争师法,言性理则争道统。各自以为孔教,而排斥他人以为非孔教,于是孔教之范围,益日缩日小。浸假而孔子变为董江都、何邵公矣，浸假而孔子变为马季长、郑康成矣，浸假而孔子变为韩昌黎、欧阳永叔矣，浸假而孔子变为程伊川、朱晦庵矣，浸假而孔子变为陆象山、王阳明矣，浸假而孔子变为纪晓岚、阮芸台矣，皆由思想束缚于一点，不能自开生面。如群猿得一果，跳掷以相攫；如群妪得一钱，诟骂以相夺，其情状亦何可怜哉！

而中国学术之萎缩衰敝，也成为中国社会停滞不前的根本原因。

政治专制与学术一统既相缘而生，为害甚烈，梁启超于是自觉以批判、破坏的姿态出现，明确宣称："一尊者，专制之别名也。苟为专制，无论出于谁氏，吾必尽吾力所及以拽倒之。吾自认吾之义务当然耳。"（第四章《儒学统一时代》）这与"新民"之道中以"自由"为必不可少之义的论述也一脉相通。在《新民说·论自由》一节中，梁氏着重发明了"欲求真自由者乎，其必自除心中之奴隶始"的道理。他认为，被人奴隶并不可怕，最悲惨的是自我奴隶，那便会堕入万世沉沦而永无超拔之日。文章区分出"心奴隶"的四个种类与解除之道，而列于首位的正是"勿为古人之奴隶"。甚至说："要之四书六经之义理，其非一一可以适于今日之用，则虽临我以刀锯鼎镬，吾犹敢断言而不惮也。"这不只是对"新国民"品格的理想构造，也反映出梁启超当年的精神风貌。

出于对思想自由的崇拜,梁启超检点中国学术史时,从其最称扬的先秦诸子中,便仍然抉发出六条短处。而其中三条,"门户主奴之见太深也","崇古保守之念太重也","师法家数之界太严也",均指向压制、奴役,而与自由精神相背。此说与前述对于战国学术思想的肯定似有矛盾,但由此亦可看出,即使被认作中国思想最自由的时代,在梁氏眼中仍未臻于极致。其意更在警惕学界内的专制作风,所谓"惟务以气相竞,以权相凌","焚坑之祸,岂待秦皇";"号称守师说者,既不过得其师之一体,而又不敢有所异同增损;更传于其弟子,所遗者又不过一体之一体,夫其学安得不渐灭也"。在九流百家勃然兴起的盛况中,揭出其间实已潜伏着思想衰落的因子,确是梁启超眼光高超之处。而学术的兴旺发达依赖于自由精神的发扬,亦已不言自明。

二

探究梁启超批判旧学意识的发生,借鉴西学以为参照系的作用不可否认。上述对于先秦诸子缺失的揭示,即是在与希腊学术比较中而获得。因此,我们也可以推论,假如没有希腊作对照,战国之为中国学术的"全盛时代"亦可谓完美无缺。

希腊学派的引进,不只映现出诸子学派的建立与传衍过程中自由精神之不完全，而且，单从学理考量，其论说亦显露出弊端。梁启超所举示的"论理 Logic 思想之缺乏也"、"物理实学之缺乏也"、"无抗论别择之风也"，均属此类。前两项与梁氏对西方科学精神的体认相关，在第八章《近世之学术》有更周到的论述。容后再说。"无抗论别择"之说则确可说搔到了先秦学术的痒处。

梁启超认为，希腊哲学"皆由彼此抗辩折衷，进而愈深，引而愈长"。即诸哲于甲说与非甲说的彼此驳难中，激发产生出更高明的乙说以调和两家；此过程不断推演下去，其学术自然日益进步。诸子学派反之，"顾未有堂堂结垒，针锋相对，以激战者"。当时各家既不正面交锋，迨儒学一统后，又以陋儒而倡言"群言殽乱衷诸圣"，中国学术"之所以不进也"，此亦为重要一因。这里谈及的虽然只是论辩方式的异同，而其对于整个学术史的影响却是巨大而久远。其间的关键在于，学派竞争、学说对抗乃是学术发展必不可少的内在驱动力，丧失了这种刺激的机制，学术思想便会失去生命力。

抱着讲求"新民"之道的态度治学，也使梁启超得以避免陷入国粹主义的泥坑，而能够以清醒、理智的态度审视中国学术思想的得与失。按照他的自白：

不知己之所长,则无以增长光大之;不知己之所短,则无以采择补正之。语其长,则爱国之言也;语其短,则救时之言也。(第三章《全盛时代》)

而晚清中国国势阽危,"救时之言"无疑更切合社会的需要。因此,在与西方文化的对比中,梁启超于中国传统中看到的缺陷更多,相应要求更多的采补。

这种对固有文化的批判意识,表现在《论中国学术思想变迁之大势》中,即是肯定优胜之处的分量往往不及揭发短缺来得重。第三章"与希腊学派比较"一节,"先秦学派之所长"有五:"国家思想之发达也"、"生计 Economy 问题之昌明也"、"世界主义之光大也"、"家数之繁多也"、"影响之广远也";与之相对,所短则有六条。第四章论述"儒学统一"的结果,否定的倾向更为明显:尽管好的方面也搜罗出"名节盛而风俗美也"、"民志定而国小康也"两项,但仅承认其为"儒教治标之功";而即使除去"或曰儒教太高尚而不能逮下"一条,坏的影响仍有"民权狭而政本不立也"、"一尊定而进化沉滞也",均关系到治国的根本。进入第五章《老学时代》,所举"学术堕落"的五种原因,已无一可取。

而如果进一步追究这种具有现代意识的批判眼光何以产生,

我们仍然可以发现,西哲的启示在梁启超摆脱崇古尊圣的旧学体系上确实发挥了至关重要的作用。梁氏早年在广州万木草堂从康有为受教,已熟悉今文经学讲究微言大义的治学思路。不过,康氏虽以之表达变革社会的新思想,却尚须假借孔子,言其"托古改制",这在梁启超参与编纂的《孔子改制考》一书有明显的表示。而避难日本后,梁氏直接感受到明治新文化的强大冲击,"畴昔所未见之籍,纷触于目,畴昔所未穷之理,腾跃于脑",于是,"思想为之一变"(梁启超《论学日本文之益》及《三十自述》)。

在梁启超所读之书、所穷之理中,对其思维方式最具改造力的,当推培根与笛卡儿的学说。他不但推二人为"近世文明初祖",称:"为数百年来学术界开一新国土者,实惟倍根与笛卡儿。"而且,在《新民丛报》第1、2号的"学说"栏,专门发表文章,介绍两家之说(见《近世文明初祖二大家之学说》)。从梁氏钩玄提要的简述,不难看出其心得所在:

中世以前之学者,惟尚空论,呶呶然争宗派、争名目,口崇希腊古贤,实则重诬之。其心思为种种旧习所缚,而曾不克自拔。及倍根出,专倡格物之说,谓言理必当验诸事物而有征者,乃始信之;及笛卡儿出,又倡穷理之说,谓论学必当反诸吾心而自信者,乃始从之。此二派行,将数千年来学界之奴性,犁庭扫穴,靡有孑遗,全欧思想之自由,骤以发达,日光日大,而遂有今日之盛。(《论学术之势力左右世界》)

中世纪欧洲的情况既与中国相近,而根据梁启超的看法,中国学术思想落后于欧洲又只是近世才出现(见本书《总论》),则起衰为盛的法宝,毫无疑问,只能是西方怀疑及实证精神的引进,或者用梁启超的说法,是需要"一种自由独立、不傍门户、不拾唾余之气概"。在《近世文明初祖二大家之学说》中,梁氏之所以反复强调,"无论大圣鸿哲谁某之所说",培根与笛卡儿必经验证、心安,然后才接受,原是意有所指。

梁启超因此大声疾呼,希望有众多中国学者能够移换脑质,改变精神,"第一勿为中国旧学之奴隶,第二勿为西人新学之奴隶"(同上)。在二十世纪初中外交汇的时代,以培根与笛卡儿为典范、思想空前解放的梁启超,便可以吐露这样的豪言壮语:

我有耳目,我物我格;我有心思,我理我穷。高高山顶立,深深海底行。其于古人也,吾时而师之,时而友之,时而敌之,无容心焉,以公理为衡而已。(《新民说·论自由》)

　　我有耳目,我有心思。生今日文明灿烂之世界,罗列中外古今之学术,坐于堂上而判其曲直,可者取之,否者弃之,斯宁非丈夫第一快意事耶?(《保教非所以尊孔论》)

而这种理想境界的描述,也正是梁本人写作《论中国学术思想变迁之大势》时精神状态的自我写照。

　　其实,在西学尚遭遇传统势力顽强抵拒的晚清,梁启超必须倾注最多心力去破除的还是旧学的束缚。其将中国学术文化复兴的希望寄托在近代西方思想学说的导入,因而毫不足怪。这种急切的心情,在《总论》结尾也以梁氏特有的"笔锋常带情感"的激情话语作了充分表达:

　　盖大地今日只有两文明:一泰西文明,欧美是也;二泰东文明,中华是也。二十世纪,则两文明结婚之时代也。吾欲我同胞张灯置酒,迓轮俟门,三揖三让,以行亲迎之大典。彼西方美人,必能为我家育宁馨儿以亢我宗也。

对于正在清理中国学术思想变迁史的梁启超来说,上述期盼并非空中楼阁,而同样是以历史为据。

与批判学术专制相同,对文化交融的礼赞也成为贯穿全书的另一条主线。梁启超认定"隋、唐之交,为先秦以后学术思想最盛时代",更进而以"隋、唐之学术思想,为并时举世界独一无二之光荣",理由全在佛教的输入。梁氏所肯定的接受外来学术又并非全盘照收,而是"尽吸其所长以自营养,而且变其质、神其用,别造成一种我国之新文明"。因此,他总结出的中国佛学四大特色,便迥异于佛教母国印度,而尽为中国所独创:"自唐以后,印度无佛学,其传皆在中国";"诸国所传佛学皆小乘,惟中国独传大乘";"中国之诸宗派,多由中国自创,非袭印度之唾余者";"中国之佛学,以宗教而兼有哲学之长"。对此,梁启超也极为少见地一概加以赞许,给人的印象,是其认同程度还在谓为"全盛时代"的春秋战国之上。其现实含义也很清楚,隋唐融合佛学的成功经验,也为今日"合泰西各国学术思想于一炉而冶之,以造成我国特别之新文明"的理想提供了努力的信心与实现的可能(第六章《佛学时代》)。

不限于外来文明与本土文明的融会,即使是一国之内各地域文化的交流,也为梁启超所首肯。从"胚胎时代"黄帝东征西讨,"屡战异种民族而吸收之,得智识交换之益"的赞扬开始,继以战国末"地理界限渐破,有南、北混流之观",而成就"全盛中之全盛"气象的概括(第二章《胚胎时代》与第三章《全盛时代》),梁启超始终反对闭关自守,而以交换与融合为保持学术生命力的必要条件。这与前述对于希腊学派"抗论别择"的推许实为异曲同工。

三

翻开《论中国学术思想变迁之大势》,最直观的印象是与古人著述形式的不同。在中国古代学者常用的单篇论说、笺证疏义、读书札记、传承表等体式之外,梁启超又提供了一种崭新的学术史写作模式。在第一章《总论》中,他以学术思潮的演变为依据,把截止到二十世纪初的中国学术思想史划分为八个时期:

> 一胚胎时代,春秋以前是也;二全盛时代,春秋末及战国是也;三儒学统一时代,两汉是也;四老学时代,魏、晋是也;五佛学时代,南北朝、唐是也;六儒佛混合时代,宋、元、明是也;七衰落时代,近二百五十年是也;八复兴时代,今日是也。

全书即依此次序演述。这种纵贯全史的视野,配以分章分节的体例,使得《论中国学术思想变迁之大势》纲目清晰,史论互证,分而不散,合而不乱,新意迭出,引人入胜。

其实,新的著述体式即隐含着新的思路。用胡适日后追忆的说法:梁启超的《论中国学术思想变迁之大势》"给我开辟了一个新世界,使我知道《四书》《五经》之外中国还有学术思想","这是第一次用历史眼光整理中国旧学术思想,第一次给我们一个'学术史'的见解"。胡适以之为个人所受梁氏最大的恩惠之一,并坦承梁著的未完成,埋下了其"后来做《中国哲学史》的种子"(《四十自述》"在上海[一]",上海亚东图书馆,1933 年)。

而发现中国学术思想不只用《四书》《五经》无法涵盖,即使添上清代学者已开始关注的诸子百家,仍远非全貌,此一意识的形成,自是得益于梁启超流亡日本的阅历。戊戌变法前,梁帮助其师康有为编纂的《孔子改制考》,尚沿用传统著述体例,于汇集先秦以降的各家言说后,再自下断语。1902 年发表的《论中国学术思想变迁之大势》则已有了质的改变,以我为主的论述方式,使历代读书人动辄征引的"子曰诗云"失去了至高无上的地位,被还原为真正意义上的史料加以运用。虽然梁启超曾为 1900 年刊行的章太炎名著《訄书》初刻本题写过书签,在 1904 年续撰的第八章论述清学的《近世之学术》部分(实含有原先所拟"衰落时代"与"复兴时代"之内容),也曾参考同年面世的《訄书》重订本中《清儒》诸篇，或引录或驳诘；而若比较二人的著作体式，章书更近于唐代刘知幾的《史通》与清人章学诚的《文史通义》，已说明梁作还该另有取法。

在《新民丛报》创刊号发表的《新史学》首篇《中国之旧史学》中，梁启超对中国史学传统作了总体清算。既已历数旧史学"知有朝廷而不知有国家"、"知有个人而不知有群体"、"知有陈迹而不知有今务"、"知有事实而不知有理想"四大病根，得其首肯的史家自然极其稀少。而被判为"稍有创作之才"的六人中，撰著《宋元学案》与《明儒学案》的黄宗羲亦赫然在列。梁称赞其书为"史家未曾有之盛业"，原因端在黄氏"创为学史之格"。不过，《明儒学案》仍是以小传加史料摘引的形式编排而成，因此，梁启超推崇黄著的意义，实仅在打破了"中国数千年惟有政治史，而其他一无所闻"的局面一点。

排除了承接古人与援引同道的可能，余下的便只有借鉴域外一途了。其时，明治维新以后的日本史学界，从大量翻译的西方学术著作中，已经熟悉并开始采用西人的史著文体。恰好在《论中国学术思想变迁之大势》动笔之前，1900年，两部关于中国学术思想史的日人新著出版发行，一为远藤隆吉的《支那哲学史》（东京金港堂），一乃白河次郎与国府种德合著的《支那学术史纲》

（东京博文馆）。依照梁启超的辩说，"鄙论标题为《学术思想变迁之大势》，非欲为中国哲学史也"（《〈周末学术余议〉附识》，《新民丛报》6号），其思路于是更接近后者。

《支那学术史纲》的作者自诩，其著作的特点即在"于体裁改而新之，令方今读者易知其大纲；更加入新研究而推阐之，然后绍介于世"（《小引》）。全书结构亦扣紧"学术变迁之大略"展开，分为六编：一、总论；二、太古学术之发源；三、夏殷周三代学术之变迁；四、秦汉三国两晋南北朝学术之变迁；五、隋唐五代宋辽金学术之变迁；六、元明清学术之变迁。梁著的时段划分虽与之不同，而别有心得，但其关注"学术思想变迁之大势"，"苟有可以代表一时代一地方之思想者，不得不著论之"（《〈周末学术余议〉附识》）的总体构思，甚至包括卷首提纲挈领的《总论》之设置，均与《支那学术史纲》一脉相承。

在研究方法上，《支那学术史纲》的作者亦强调"将其国文物制度、地理思想剀切地征于历史而究以科学"（《小引》），显然认西方学术史为具有科学的体系。因而，不止描述现象，且进而探究隐藏其后的原因，便成为该编自觉的追求。梁启超撰写《论中国学术思想变迁之大势》时，也致力于前因后果的考索。如第三章《全盛时代》第一节，即为"论周末学术思想勃兴之原因"；第四章《儒学统一时代》，更干脆以"其原因"、"其结果"为该章首尾二节之标题。

对于科学方法的倾心，在 1904 年补写的《近世之学术》中表现得尤为分明。按照最初的纲目，清代学术思想史本冠以"衰落时代"的题名，不被梁启超看好。这除了有为"西学东渐"的新思潮开道，故欲扬先抑之意；也由于梁氏在学术与思想的评价之间，其时更倾向于后者，考据派的出现便被指为本朝"思想日以销沉"的学术根源。两年后，梁启超真正动笔论说清学时，已采取分而治之的策略。着眼于学术，"本朝学者以实事求是为学鹄，颇饶有科学的精神"，便被肯定为"学界进化之一征兆"。汉学家"研究之方法"，也在"科学的精神"一点上与西方"近世各种科学所以成立之由"接轨，其特征为：

善怀疑，善寻间，不肯妄徇古人之成说与一己之臆见，而必力求真是真非之所存，一也。既治一科，则原始要终，纵说横说，务尽其条理，而备其左证，二也。其学之发达，如一有机体，善能增高继长，前人之发明者，启其端绪，虽或有未尽，而能使后人因其所启者而竟其业，三也。善用比较法，胪举多数之异说，而下正确之折衷，四也。

凡此,在前述对于先秦诸子的讨论中,多已涉及。此处重以"科学的精神"概括之,越发凸显了梁启超研治国学的西学背景。

就本论而言,梁启超明确言及借助日本学者研究成果的虽只有《佛学时代》之《诸宗略纪》一节,乃撮述《八宗纲要》、《十二宗纲要》、《佛教各宗纲领》等书而成;但受启示最多者实为理论方法。其中,尤以对文化地理学的倚重更为突出。《支那学术史纲》已辨明关切"文物制度、地理思想"之必要,该书《总论》亦阐述了黄河与扬子江流域作为中国文化发源地的意义。尽管在续写《论中国学术思想变迁之大势》时,梁启超才提到他1903年阅读过日人木口长三郎所著《人生地理学》一书,但其实早在此篇开笔写作时,他对源于西方的这套地理新说已了然于胸。其1902年接连刊出的系列地理学论文,多半各有日文出处:《地理与文明之关系》大抵译自浮田和民的《史学通论》中《历史与地理》一章(参见蒋俊《梁启超早期史学思想与浮田和民〈史学通论〉》,《文史哲》1993年5期);《亚洲地理大势论》与《欧洲地理大势论》,则有自加"译者识"道明来历,系以志贺重昂的《地理学讲义》之《亚细亚地理考究之方针》与《欧罗巴地理考究之方针》两章为蓝本,"而略加己意"。只有《中国地理大势论》(《新民丛报》6、8、9号)为自撰之作,倒可与《论中国学术思想变迁之大势》互相发明。

而如果参考梁启超最初拟订的章目,我们可以清楚地发现,即使忽略中间的残缺不计,今日所能见到的部分,也不过完成了计划的一半。在顺时的分期演述之外,自第十章至第十六章,作者本来还设计了若干从通史中提炼出的问题,以待详加讨论。这些未完成的题目中,便有"地理上之关系上(国内地理)"与"地理上之关系下(国外地理)",三分天下几占其一,足见梁氏之偏好。

在《论中国学术思想变迁之大势》现存的本文中,梁启超也已随处注意,尽力阐发学术思想受地理因素影响之情状。运用最得体、流传最广远的一段论述,是关于先秦诸子南北学派特点的分疏:

北地苦寒硗瘠,谋生不易,其民族销磨精神日力以奔走衣食,维持社会,犹恐不给,无余裕以驰骛于玄妙之哲理,故其学术思想,常务实际,切人事,贵力行,重经验,而修身齐家治国利群之道术,最发达焉。惟然,故重家族,以族长制度为政治之本(注略),敬老年,尊先祖,随而崇古之念重,保守之情深,排外之力强。则古昔,称先王;内其国,外夷狄;重礼文,系亲爱;守法律,畏天命:此北学之精神也。南地则反是。其气候和,其土地饶,其谋生易,其民族不必惟一身一家之饱暖是忧,故常达观于世界以外。初而轻世,既而玩世,既而厌世。不屑屑于实际,故不重礼法;不拘拘于经验,故不崇先王。又其发达较迟,中原之人,常鄙夷之,谓为蛮野,故其对于北方学派,有吐弃之意,有破坏之心。探玄理,出世界;齐物我,平阶级;轻私爱,厌繁文;明自然,顺本性:此南学之精神也。

较之《支那学术史纲》第三编第四章《周代学者之战国时代》叙述的简陋,梁启超采纳新学说而别具风采,原是以其修养有素的旧学功底为根基。

由于后半部的割弃与前半部中宋、元、明时代的整体阙失,梁启超以文化地理学为线索,考察中国学术思想变迁的思考未能贯彻始终,诚为憾事。幸好其《中国地理大势论》有述及哲学与地理之关系的一节文字,现抄录汉以后部分,聊作补缺:

逮于汉初,虽以窦后、文、景之笃好黄老,然北方独盛儒学;虽以楚元王之崇饰经师,然南方犹喜道家。《春秋繁露》及其余经说,北学之代表也;《淮南子》及其余词赋,南学之代表也。虽然,自汉以后,哲学衰矣。洎及宋、明,兹道复振,濂溪、康节,实为先驱。虽其时学风,大略一致,然濂溪南人,首倡心性,以穷理气之微;康节北人,好言象数,且多经世之想。伊川之学,虽出濂溪,然北人也,故洛学面目,亦稍变而倾于实行焉。关学者北学之正宗也。横渠理理,颇重考实,于格致蕴奥,间有发明。其以礼学提倡一世,犹孔、荀之遗也。东莱继之,以网罗文献为讲学宗旨,纯然北人思想焉。陆、王皆起于南,为中国千余年学界辟一新境。其直指本心,知行合一,蹊径自与北贤别矣。

梁氏尽管也承认人事的作用,但突出学术所受"地理上特别之影响",仍可算作其论学特色。且直至晚年,思路不改,写于 1924 年的《近代学风之地理的分布》一篇长文,即充分显示了他的情有独钟。论其在近代学界的流播,钱基博之《中国舆地大势论》(《新民丛报》64—67 号,1905 年 3—4 月)与刘师培之《南北学派不同论》(《国粹学报》2,6—7,9,1905 年 3—10 月),均可称为嗣响。

四

《论中国学术思想变迁之大势》虽系未完成之作,但如前所述,其在中国近现代学术史上,实具有首开风气的示范意义。述其行世过程,则前六章初时陆续发表在 1902 年 3—12 月的《新民丛报》第 3—5、7、9、12、16、18、21—22 各号上;1904 年又续写出

《近世之学术》部分,刊于同年 9—12 月《新民丛报》第 53—55,58
号。可惜长久以来,此书一直混编入《饮冰室文集》,这种编辑形
式无疑减弱了后人对其重要性的体认。而惟一一本 1925 年 8 月
由上海群众图书公司发行的单行本,不仅改题为《中国学术思想
变迁史》(内文及版权页又题作《中国古代学术思想变迁史》),而
且只录至第六章《佛学时代》,遗漏了续编,使残存之作益发残缺
不全。

　　此次整理,乃取《新民丛报》所载为底本,参校以上海广智书
局 1905 年版《(分类精校)饮冰室文集》及上海群众图书公司版
《中国学术思想变迁史》。凡篇中引文,已尽量查据原书,出校语
以为补正。本意是期望给读书界提供一个相对完善的读本。

2001 年 3 月 18 日至 4 月 26 日

写于东京弥生寓所—北京西三旗自宅

论中国学术思想｜
变迁之大势

梁启超　撰

第一章 总 论

学术思想之在一国,犹人之有精神也;而政事、法律、风俗及历史上种种之现象,则其形质也。故欲觇其国文野强弱之程度如何,必于学术思想焉求之。

立于五洲中之最大洲,而为其洲中之最大国者谁乎?我中华也。人口居全地球三分之一者谁乎?我中华也。四千余年之历史未尝一中断者谁乎?我中华也。我中华有四百兆人公用之语言文字,世界莫能及;据一千九百年之统计,欧洲各国语之通用,以英为最广,犹不过一百十二兆人耳,较吾华文,仅有四分之一也。印度人虽多,而其语言文字,糅杂殊甚。中国虽南北闽粤,其语异殊,至其大致则一也。此事为将来一大问题,别有文论之。我中华有三十世纪前传来之古书,世界莫能及。《坟》、《典》、《索》、《丘》,其书不传,姑勿论。即如

《尚书》，已起于三千七八百年以前夏代史官所记载。今世界所称古书，如摩西之《旧约全书》，约距今三千五百年；婆罗门之《四韦陀论》，亦然，希腊和马耳之诗歌，约在二千八九百年前；门梭之《埃及史》，约在二千三百年前，皆无能及《尚书》者。若夫二千五百年以上之书，则我中国今传者尚十余种，欧洲乃无一也。此真我国民可以自豪者。西人称世界文明之祖国有五：曰中华，曰印度，曰安息，曰埃及，曰墨西哥。然彼四地者，其国亡，其文明与之俱亡。今试一游其墟，但有摩诃末遗裔铁骑蹂躏之迹，与高加索强族金粉歌舞之场耳。而我中华者，屹然独立，继继绳绳，增长光大，以迄今日；此后且将汇万流而剂之，合一炉而冶之。於戏，美哉我国！於戏，伟大哉我国民！吾当草此论之始，吾不得不三薰三沐，仰天百拜，谢其生我于此至美之国，而为此伟大国民之一分子也。

深山大泽而龙蛇生焉，取精多用物宏而魂魄强焉。此至美之国，至伟大之国民，其学术思想所磅礴郁积，又岂彼崎岖山谷中之犷族，生息弹丸上之岛夷，所能梦见者！故合世界史通观之，上世史时代之学术思想，我中华第一也；泰西虽有希腊梭格拉底、亚里士多德诸贤，然安能及我先秦诸子？中世史时代之学术思想，我中华第一也；中世史时代，我国之学术思想虽稍衰，然欧洲更甚。欧洲所得者，惟基督教及罗马法耳，自余则暗无天日。欧洲以外，更不必论。惟近世史时代,则相形之下,吾汗颜矣。虽然,近世史之前途,未有艾也,又安见此伟大国民,不能恢复乃祖乃宗所处最高尚最荣誉之位置,而更执牛耳于全世界之学术思想界者! 吾欲草此论,吾之热血,如火如焰;吾之希望,如海如潮。吾不自知吾气焰之何以坌涌,吾手足之何以舞蹈也。於戏! 吾爱我祖国,吾爱我同胞之国民。

生此国,为此民,享此学术思想之恩泽,则歌之舞之,发挥之光大之,继长而增高之,吾辈之责也。而至今未闻有从事于此者何也? 凡天下事必比较然后见其真,无比较则非惟不能知己之所短,并不能知己之所长。前代无论矣。今世所称好学深思之士,有两种:一则徒为本国思想学术界所窘,而于他国者未尝一涉其樊也;一则徒为外国学术思想所眩,而于本国者不屑一厝其意也。夫我界既如此其博大而深赜也,他界复如此其灿烂而蓬勃也,非竭数十年之力,于彼乎,于此乎,一一撷其实、咀其华,融会而贯通焉,则虽欲歌舞之,乌从而歌舞之? 区区小子,于《四库》著录,十未睹一,于他国文字,初问津焉尔,夫何敢摇笔弄舌,从事于先辈所不敢从事者? 虽然,吾爱我国,吾爱我国民,吾不能自己。吾姑就吾所见及之一二,杂写之以为吾将来研究此学之息壤,流布之以为吾同志研究此学者之筚路蓝缕。天如假我数十年乎,我同胞其有联袂而起者乎，伫看近世史中我中华学术思想之位置何如矣。

且吾有一言，欲为我青年同胞诸君告者：自今以往二十年中，吾不患外国学术思想之不输入，吾惟患本国学术思想之不发明。夫二十年间之不发明，于我学术思想必非有损也。虽然，凡一国之立于天地，必有其所以立之特质。欲自善其国者，不可不于此特质焉，淬厉之而增长之。今正当过渡时代苍黄不接之余，诸君如爱国也，欲唤起同胞之爱国心也，于此事必非可等闲视矣。不然，脱崇拜古人之奴隶性，而复生出一种崇拜外人蔑视本族之奴隶性，吾惧其得不偿失也。且诸君皆以输入文明自任者也，凡教人必当因其性所近而利导之，就其已知者而比较之，则事半功倍焉。不然，外国之博士鸿儒亦多矣，顾不能有裨于我国民者何也？相知不习，而势有所扞格也。若诸君而吐弃本国学问不屑从事也，则吾国虽多得百数十之达尔文、约翰·弥勒、赫胥黎、斯宾塞，吾惧其于学界一无影响也。故吾草此论，非欲附益我国民妄自尊大之性，盖区区微意亦有不得已焉者尔。

今于造论之前，有当提表者数端：

吾欲画分我数千年学术思想界为七时代：一胚胎时代，春秋以前是也；二全盛时代，春秋末及战国是也；三儒学统一时代，两汉是也;四老学时代,魏、晋是也;五佛学时代,南北朝、唐是也;六儒佛混合时代,宋、元、明是也;七衰落时代,近二百五十年是也;八复兴时代,今日是也。其间时代与时代之相嬗,界限常不能分明,非特学术思想有然,即政治史亦莫不然也。一时代中或含有过去时代之余波,与未来时代之萌蘖,则举其重者也。其理由于下方详说之。

吾国有特异于他国者一事,曰无宗教是也。浅识者或以是为国之耻,而不知是荣也,非辱也。宗教者于人群幼稚时代虽颇有效,及其既成长之后,则害多而利少焉。何也? 以其阻学术思想之自由也。吾国民食先哲之福,不以宗教之臭味,混浊我脑性,故学术思想之发达,常优胜焉。不见夫佛教之在印度,在西藏,在蒙古,在缅甸、暹罗,恒抱持其小乘之迷信;独其入中国,则光大其大乘之理论乎? 不见夫景教入中国数百年,而上流人士,从之者希乎? 故吾今者但求吾学术之进步,思想之统一,统一者谓全国民之精神,非攘斥异端之谓也。不必更以宗教之末法自缚也。

生理学之公例,凡两异性相合者,其所得结果必加良。种植家常以梨接杏,以李接桃;牧畜家常以亚美利加之牡马,交欧亚之牝驹,皆利用此例。男女同姓,其生不蕃;两纬度不同之男女相配,所生子必较聪慧,皆缘此理。此例殆推诸各种事物而皆同者也。大地文明祖国凡五,各辽远隔绝,不相沟通。惟埃及、安息,藉地中海之力,两文明相遇,遂产出欧洲之文明,光耀大地焉;其后阿剌伯人西渐,十字军东征,欧、亚文明,再交媾一度,乃成近世震天铄地之现象,皆此公例之明验也。我中华当战国之时,南、北两文明初相接触,而古代之学术思想达于全盛;及隋、唐间与印度文明相接触,而中世之学术思想放大光明。今则全球若比邻矣,埃及、安息、印度、墨西哥四祖国,其文明皆已灭,故虽与欧人交,而不能生新现象。盖大地今日只有两文明:一泰西文明,欧美是也;二泰东文明,中华是也。二十世纪,则两文明结婚之时代也。吾欲我同胞张灯置酒,迓轮俟门,三揖三让,以行亲迎之大典。彼西方美人,必能为我家育宁馨儿以亢我宗也。

第二章　胚胎时代

中国种族不一,而其学术思想之源泉,则皆自黄帝子孙下文
省称黄族。向用汉种二字;今以汉乃后起一朝代,不足冒我全族之名,故
改用此。来也。黄族起于西北,战黄河流域之蛮族而胜之,寖昌寖
炽,遂遍大陆。太古之事,搢绅先生难言焉,第弗深考。今画春秋
以前为胚胎时代,而此时代中复画为小时代者四。其图如下:

$$\text{胚胎时代}\begin{cases}\text{第一黄帝时代}\\\text{第二夏禹时代}\\\text{第三周初时代}\\\text{第四春秋时代}\end{cases}$$

学术思想与历史上之大势,其关系常密切。上古之历史,至黄帝
而一变,至夏禹而一变,至周初而一变,至春秋而一变。故文明精
神之发达,亦缘之以为界焉。黄帝之书,著录于《汉书·艺文志》

者二十余种，班氏既一一明揭其依托，今所存《素问》、《内经》等，亦其一也。黄帝时代，其文学之发达不能到此地位，固无待言。要其进步之信而有征者四事：曰制文字，曰定历象，曰作乐律，曰兴医药，是也。黄帝四征八讨，东至海，南至江，西至流沙，北逐荤粥。盖由经验之广，交通之繁，屡战异种之民族而吸收之，得智识交换之益，故能一洗混沌之陋，而烂然扬光华也。及洪水之兴，下民憔悴，全国现象，生一顿挫。禹抑洪水，乘四载，遍九州，经验益广，交通益繁，玄圭告成，帝国乃立。故中华建国，实始夏后。古代称黄族为华夏，为诸夏，皆纪念禹之功德，而用其名以代表国民也。其时政治思想，哲学思想，皆渐发生。《禹贡》之制度，《洪范》之理想，《洪范》虽箕子所述，其称传自神禹，必非尽诬。皆为三千年前精深博大之籍。自禹以后垂千年，黄族各部落并立，休养生息。逮于周初，中央集权之势益行，菁华渐集于京师。周公兼三王，作官礼，近儒多攻《周官》为伪书，《周官》虽或有后人窜附，然岂能一笔抹煞耶？攻之者盖有二蔽：一由过崇教主，视孔子以前之文明若无物焉；二由不通人群进化之公例，见其中有许多制度不脱蛮野思想习俗者，便以为古圣人岂当有此！皆有所眦而生迷困也。文王系《易》，而《诗》、《书》亦烂然大完，古代学术思想之精神条理，于是乎粗备。洎及春秋，兼并渐行，列国盟会征伐，交通益频数。南、北两思潮，渐相混合，磅礴郁积，将达极点。于是孔子生而全盛时代来矣。

综观此时代之学术思想，实为我民族一切道德、法律、制度、学艺之源泉。约而论之，盖有三端：一曰天道，二曰人伦，三曰天人相与之际，是也。而其所以能构成此思想者，亦有二因：一曰由于天然者。盖其地理之现象，空界即天然界近于地文学范围者。之状态，能使初民此名词从侯官严氏译，谓古代最初之民族也。对于上天，而生出种种之观念也。二曰由于人为者。盖哲王先觉利导民族之特性，因而以天事比附人事以为群利也。请一一论次之。

中国无宗教，无迷信，此就其学术发达以后之大体言之也。中国非无宗教思想，但其思想之起特早，且常倚于切实，故迷信之力不甚强，而受益受敝皆少。中国古代思想，敬天畏天，其第一著也。其言天也，与今日西教言造化主者颇近，但其语圆通，不似彼之拘墟迹象，易滋人惑。综观经传所述，以为天者，生人生物，万有之本原也；《诗》"天生烝民"，《书》"惟天阴骘下民"，《礼记》"万物本乎天"。天者有全权有活力，临察下土者也；《诗》"皇矣上帝，临下有赫；监观四方，求民之瘼"[①]。又，"天监在下，有命既集"。天者有自然之法则，以为人事之规范，道德之基本也。《诗》"天生烝民，有物有则"；《书》"天叙有典"，"天秩有礼"。故人之于天也，敬而畏之，一切思想，皆以此为基焉。

　　各国之尊天者，常崇之于万有之外，而中国则常纳之于人事之中，此吾中华所特长也。中国文明起于北方。其气候严寒，地味确瘠，得天较薄。故其人无余裕以驰心广远，游志幽微，专就寻常日用之问题，悉心研究，是以思想独倚于实际。凡先哲所经营想象，皆在人群国家之要务。其尊天也，目的不在天国而在世界，受用不在未来而在现在。是故人伦亦称天伦，人道亦称天道。记曰："善言天者必有验于人。"此所以虽近于宗教，而与他国之宗教自殊科也。

　　人群进化第一期，必经神权政治之一阶级，此万国之所同也。吾中国上古，虽亦为神权时代，然与他国之神权，又自有异。他国之神权，以君主为天帝之化身；中国之神权，以君主为天帝之雇役。故寻常神权之国，君主一言一动，视之与天帝之自言自动等。中国不然，天也者，统君民而并治之也。所谓天秩天序天命天讨，达于上下，无贵贱一焉。质而言之，则天道者犹今世之宪法也。欧洲今世，君民同受治于法之下；中国古代，君民同受治于天之下。不过法实而有功，天远而无效耳。但在遨古之世，而有此精神，不得不谓文明想象力之独优也。泰西皆言君主无责任，古代神权之无责任，以为其天帝之化身也；今世立宪之无责任，归其责于大臣，使人民不必有所顾忌，得以课其功罪也。过渡时代不得不然也。惟中国则君主有责任。责任者何？对于天而课其功罪也。日食彗见，水旱蝗螟，一切灾异，君主实尸其咎。此等学说，以今日科学家之眼视之，可笑孰甚？而不知其有精义存焉也。其践位也，荐天而受；其殂死也，称天而谥。《春秋》所谓"以天统君"，盖虽专制而有不能尽专制者存。此亦神权政体之所无也。不宁惟是，天也者非能谆谆然命之者也，于是乎有代表之者，厥惟我民。《书》曰："天聪明，自我民聪明；天明畏，自我民明畏。"又曰："天视自我民视，天听自我民听。"又曰："天矜下民，民之所欲，天必从之。"②于是无形之天，忽变为有形之天。他国所谓天帝化身者君主也，而吾中国所谓天帝化身者人民也。然则所谓天之秩序命讨者，实无异民之秩序命讨也，立法权在民也；所谓君主对于天而负责任者，实无异对于民而负责任也，司法权在民也。然则中国古代思想，其形质则神权也，其精神则民权也。虽其法不立，其效不睹，然安可以责诸古代？当邃古之初而有此，非伟大之国民，其孰能与于斯！

古代各国皆行多神教，或有拜下等动物者，所在皆是。中国前古，虽亦多神，然所拜者皆稍高尚，而兼切于人事者也。天子祭天地，诸侯祭社稷，大夫祭五祀。天地之祭，几于一神，尚矣；社稷者，切于农事者也；五祀者，门户、井灶、中溜，皆关于日用饮食者也。吾国最初之文明，事事皆主实际，即此亦可以见之。且其中尤有最重特异者一事焉，曰尊先祖是也。吾国族制之发达最备，而保守之性质亦最强，故于祭天之外，祀祖为重。所谓天神、地祇、人鬼，凡称鬼者，皆谓先祖也。孔子谓"夏道尊命，事鬼敬神而远之"；"殷人尊神，率民而事神，先鬼而后礼"[3]；"周人尊礼尚施，事鬼敬神而远之"。言三代思想之变迁，于其事鬼神之间，最注意焉。初民之特质则然也。尊祖之极，常以之与天并重。《墨子》天、鬼并称最多。记曰："万物本乎天，人本乎祖。"《诗》曰："文王陟降，在帝左右。"《书》曰："乃祖乃父，丕乃告我高后，曰作丕刑于朕孙。迪高后，丕乃崇降不祥。"记曰："郊祀后稷以配天，宗祀文王于明堂以配上帝。"盖常视其祖宗之权力，几与天并。此亦中国人与外国特异之点也。此等思想，范围数千年，至今不衰。

要而论之，胚胎时代之文明，以重实际为第一义。重实际故重人事，其敬天也，皆取以为人伦之模范也；重实际故重经验，其尊祖也，皆取以为先例之典型也。于是乎由思想发为学术。其握学术之关键者有二职焉：

一曰祝，掌天事者也。凡人群初进之时，政教不分，主神事者其权最重。埃及之法老，犹太之祭司长，见于《旧约全书》者，皆司祝官也。印度有四族：婆罗门为首，刹利次之。刹利帝王之族也，婆罗门司祝之族也。乃至波斯、安息，莫不皆然。今西藏有坐床喇嘛，掌全藏大政，仍是此制。欧洲自罗马教皇兴后，其权常驾各国君主而上之。而俄罗斯皇，今犹兼希腊教皇之徽号，其教务大臣，柄权最重。此实半开民族之通例也。中国宗教之臭味不深，虽无以教权侵越政权之事，而学术思想，亦常为祝之所掌焉。祝之分职亦有二：一曰司祀之祝，主代表人民之思想，以达之于天，而祈福祉者也。《周官·春官》一篇，皆此职之支与流裔也。鲁侯与曹刿论战，首称"牺牲玉帛之必信"，随侯将战楚，首言"牲牷肥腯粢盛丰备"，盖以为祭礼之事，与国家之安危大有关系焉。其他百事，皆听命于神，不待言也。二曰司历之祝，主揣摩天之思想，以应用于人事者也。三皇之时，命南正重司天以属神，北正黎司地以属民。《尧典》"乃命羲和：钦若昊天，历象日月星辰，敬授民时"④。又曰"在璇玑玉衡，以齐七政"。盖司历之祝所主者凡三事：一曰协时月正日以便民事也，二曰推终始五德以定天命也，《尧典》"天之历数在尔躬"，及后世言三代受命之符，皆推其本于历学。后世言《洪范》五行，言谶纬，皆发源于此。三曰占星象卜筮以决吉凶也。《汉书·艺文志》，"九流略"有阴阳家，"数术略"有天文、历谱、五行、蓍龟、杂占、形法。古代之学术，半属此类。降及春秋，此术犹盛，如裨灶、梓慎之流，皆以司祝之官，为一时君相之顾问；而《左传》一书，言卜筮休咎，占验灾祥者，十居七八。后人不知人群初进时之形状，诧其支离诞妄，因以疑左氏之伪托；

而不知胚胎时代,实以此为学术思想之中心点也。谶纬亦然。纬书之为真伪,今无暇置辨;要之必起于春秋战国时代,而为古学术之代表,无可疑也。

二曰史,掌人事者也。吾中华既天、祖并重,而天志则祝司之,祖法则史掌之。史与祝同权,实吾华独有之特色也。重实际故重经验,重经验故重先例,于是史职遂为学术思想之所荟萃。周礼有大史、小史、左史、右史、内史、外史。"六经"之中,若《诗》太史乘辒轩所采、若《书》、若《春秋》,《汉志》称"左史记言,右史记事,事为《春秋》,言为《尚书》"。皆史官之所职也;若《礼》、若《乐》,亦史官之支裔也。故欲求学者,不可不于史官。周之周任、史佚也,楚之左史倚相也,老聃之为柱下史也,孔子适周而观史记也,就鲁史而作《春秋》也,盖道术之源泉,皆在于史。史与祝皆世其官,史之世官,至汉犹然,司马谈、司马迁其最著者也。若别为一族者然。盖当时竹帛不便,学术之传播甚难,非专其业者,不能尽其长也。而史之职,亦时有与祝之职相补助者。盖其言吉凶祸福之道,祝本于天以推于人,史鉴于祖以措于今。故《汉志》谓道家出于史官,而阴阳谶纬家言,亦常有与史相通者。要而论之,则胚胎时代之学术思想,全在天人相与之际;而枢纽于两者之间者,则祝与史皆有力也。今列其系统如下:

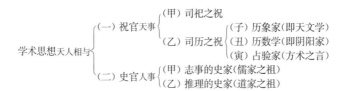

此外尚有医官、乐官，亦于当时学术思想，颇有关系。但所关者只在一部分，而非其全体也，故略之不别论。古者之医必兼巫，故古"医"字作"毉"。《黄帝内经》有祝由科，然则医实祝之附庸也。乐与诗同体，诗掌于太史，乐官亦称瞽史，然则乐实史之附庸也。

吾于此章之末，欲更有一言，即当知此时代之学术思想，为贵族所专有，而不能普及于民间是也。吾华阶级制度，至战国而始破；若春秋以前，常有如印度所谓喀私德Castes，印度分人为四种，最上者称婆罗门，其次为刹利，其次为毗舍，最下者为首头陀，不许互通婚。中世欧罗巴所谓埃士忒德Estates欧人大率分僧侣、贵族、公民、奴隶四种。者。盖上流人士，握一群之实权，不独政治界为然，而学术思想界，尤其要者也。加以文字未备，典籍难传，交通未开指舟车来往等言，流布尤窒，故一切学术，非尽人可以自由研究之者。其权固不得不专归于最少数之人，势使然矣。而此少数之人，亦惟汲汲焉保持其旧，使勿失坠，既无余裕以从事于新理想，复无人相与讨论，以补其短而发其荣，此所以历世二千余年，而发达之效不睹也。虽然,此后全盛时代之学术思想,其胚胎皆蕴于此时。如《汉书·艺文志》"诸子略"班《志》全本刘歆《七略》,故今用其原名。所述,谓

> 儒家者流,出于司徒之官。
>
> 道家者流,出于史官。
>
> 阴阳家者流,出于羲和之官。
>
> 法家者流,出于理官。
>
> 名家者流,出于礼官。
>
> 墨家者流,出于清庙之守。
>
> 纵横家者流,出于行人之官。
>
> 杂家者流,出于议官。
>
> 农家者流,出于农稷之官。
>
> 小说家者流,出于稗官。

虽其分类未能尽当,其推原所出,亦非尽有依据;要之古代世官之制行,学术之业,专归于国民中一部一族,非其族者不能与闻,《管子》称士有士之乡,农有农之乡,工商有工商之乡,不可使杂处。又曰:士之子恒为士,农之子恒为农。盖古俗然也。古者以官为氏,如祝氏、史氏、乐正氏、仓氏、庾氏等,皆由世业之故。非在官者不获从事。此不惟中国为然,即各国古代,亦莫不皆然者也。中世欧罗巴学术之权,

皆在教会；迨十五世纪以后，教会失其专业，人人得自由讲习，而新文明乃生。论者或以窒抑多数之民智为教会诟病，而不知当中世黑暗时代，苟无教会以延一线之光明，恐其堕落更有甚者，而后起之人，益复无所凭借也。然则知人论世，其功与过又岂可相掩耶？观胚胎时代之学术思想，亦如是已矣。

---

① 据《皇矣》原文，"瘝"当作"莫"。

② 据《泰誓》原文，"下民"原作"于民"。

③ 据《礼记·表记》原文，"民"下之"而"原作"以"。

④ "民"原作"人"。

第三章　全盛时代

第一节　论周末学术思想勃兴之原因

全盛时代，以战国为主，而发端实在春秋之末。孔北老南，对垒互峙；九流十家，继轨并作。如春雷一声，万绿齐苗于广野；如火山乍裂，热石竞飞于天外。壮哉盛哉！非特中华学界之大观，抑亦世界学史之伟迹也。求其所以致此之原因，盖七事焉：

一由于蕴蓄之宏富也。人群初起，皆自草昧而进于光华。文明者，非一手一足所能成，非一朝一夕所可几也。传记所载，黄帝、尧、舜以来，文化已起，然史公犹谓搢绅难言焉。观夏、殷时代质朴之风，犹且若此，则唐、虞以前之文明，概可想矣。凡人群进化之公例，必由行国进而为居国，由渔猎进而为畜牧，由畜牧进而为耕桑。殷自成汤以至盘庚，凡五迁其都，盖尚未能脱行国之风焉。孟子颂周公之功，则曰"兼夷狄，驱猛兽"；《诗》美宣王之德，则以牛羊蕃息。盖殷、周以前，尚未尽成居国、成农国也。及文王化被南国，武周继起，而中央集权之制大定，威仪三千，周官三百。汉学家言，礼仪《周礼》也；威仪《仪礼》也。孔子叹之曰："周监于二代，郁郁乎文哉！吾从周。"自豳、岐以至春秋，又数百年，休养生息，遂一脱蛮野固陋之态。观于《左传》，列国士大夫之多才艺、娴文学者，所在皆然矣。积数千年民族之脑精，递相遗传、递相扩充，其机固有磅礴郁积、一触即发之势。而其所承受大陆之气象，与两河流之精华，机会已熟，则沛然矣。此固非岛夷谷民崎岖逼仄者之所能望也。此其一。

　　一由于社会之变迁也。由尧、舜至于周初，由周初至于东迁，由东迁至于春秋之末，其间固划然分为数时代，其变迁之迹，亦有不可掩者。虽然，其迹不甚著，而史传亦不详焉。独至获麟以后，迄于秦始，实为中国社会变动最剧之时代。上自国土、政治，下及人心、风俗，皆与前此截然划一鸿沟。顾亭林《日知录》云："自《左传》之终以至战国，凡百三十三年，史文阙轶，考古者为之茫昧。如春秋时犹尊礼重信，而七国则绝不言礼与信矣。春秋时犹宗周王，而七国则绝不言王矣。春秋时犹严祭祀、重聘享，而七国则无其事矣。春秋时犹论宗姓氏族，而七国则无一言及矣。春秋时犹宴会赋诗，而七国则不闻矣。春秋时犹有赴告策书，而七国则无有矣。邦无定交，士无定主。此皆变于一百三十三年之间。史之阙文，而后人可以意推者也，不待始皇并天下，而文武之道已尽矣。"①而其变动之影响，一一皆波及于学术思想界。盖阀阅之阶级一破，前此为贵族世官所垄断之学问，一举而散诸民间，遂有"秦失其鹿，天下共逐"之观。欧洲十四、五世纪时，学权由教会散诸民间，情形正与此同。此近世文明所由开也。周室之势既微，其所余虚文仪式之陈言，不足以范围一世之人心，遂有河出伏流一泻千里之概。此其二。

一由于思想言论之自由也。凡思想之分合，常与政治之分合成比例。国土隶于一王，则教学亦定于一尊，势使然也。周室为中央一统之祖，当其盛也，威权无外。《礼记·王制》所载：作左道以惑众杀；作奇器异服奇技淫巧以疑众杀；行伪而坚、言伪而辨、学非而博、顺非而泽以疑众杀。盖思想言论之束缚甚矣。周既不纲，权力四散，游士学者，各称道其所自得以横行于天下，不容于一国，则去而之他而已。故仲尼奸七十二君，墨翟来往大江南北，荀卿所谓"无置锥之地，而王公不能与之争名；在一大夫之位，则一君不能独畜，一国不能独容"。言论之自由，至是而极。加以历古以来，无宗教臭味，先进学说，未深入人心，学者尽其力之所及，拓殖新土，无挂无碍，岂所谓"海阔从鱼跃，天空任鸟飞"者耶？庄子曰："天下大乱，贤圣不明，道德不一，学者多得一察焉以自好。"②《天下》篇。孟子曰："圣王不作，诸侯放恣，处士横议。"盖政权之聚散，影响于学术思想者如是其甚也。此其三。

一由于交通之频繁也。泰西文明发生，有三阶段：其在上古，则腓尼西亚以商业之故，常周航于地中海之东西南岸，运安息、埃及之文明以入欧罗也；其在中世，则十字军东征，亘二百年，阿剌伯人西渐，威慑欧陆，由直接、间接种种机会，以输入巴比伦、犹太之旧文明与隋、唐时代之新文明也；其在近世，则列国并立，会盟征伐，常若比邻，彼此观感，相摩而善也。由此观之，安有不藉交通之力者乎？交通之道不一，或以国际，各国交涉，日本名为"国际"，取《孟子》"交际何心"之义，最为精善。今从之。或以力征，或以服贾，或以游历，要之其有益于文明一也。春秋战国之时，兼并盛行，互相侵伐。其军队所及，自濡染其国政教、风俗之一二，归而调和于其本邦。征伐愈多，则调和愈多，而一种新思想，自不得不生。其在平时，则聘享交际之道，常为国家休戚所关，当时群雄割据，大国欲笼络小国以自雄，小国则承事大国以求保护，故其交际皆甚重要，非如周初朝觐贡献方物，循行故事而已。故各国皆不得不妙选人才，以相往来。若《相鼠》、《茅鸱》之不知，将辱国体而危亡随之矣。其膺交通之任者,既国中文学最优之士。及其游于他社会,自能吸取其精英,赍之归以为用。如韩宣子聘鲁而见《易象》《春秋》,吴季札聘上国而知十五国风,皆其例也。而当时通商之业亦渐盛,豪商巨贾,往往与士大夫相酬酢。如郑商弦高,能以身救国;子贡废著鬻财于曹、鲁之间,结驷连骑以聘享诸侯,所至国君,无不分庭与之抗礼;而阳翟大贾吕不韦,至能召集门客,著《吕氏春秋》。盖商业之盛通,为学术思想之媒介者,亦不少焉。若夫纵横捭阖之士,专以奔走游说为业者,又不待言矣。故数千年来,交通之道,莫盛于战国。此其四。

一由于人材之见重也。一统独立之国,务绥靖内忧,驯扰魁桀不羁之气,故利民之愚;并立争竞之国,务防御外侮,动需奇材异能之徒,故利民之智。此亦古今中外得失之林哉!衰周之际,兼并最烈,时君之求人才,载饥载渴。又不徒奖厉本国之才而已,且专吸他国者而利用之。盖得之则可以为雄,失之且恐其走胡走越,以为吾患也。故秦迎孟尝,而齐王速复其位;商鞅去国,而魏遂弱于秦。游士之声价,重于时矣。贵族阶级,摧荡廓清,布衣卿相之局遂起。贵族阶级,最为文明之障碍。中国破此界最早,是亦历史之光也。士之欲得志于时者,莫不研精学问,标新领异,以自取重,虽其中多有势利无耻者,固不待言。而学问以辨而明,思潮以摩而起，道术之言，遂遍于天下。此其五。

一由于文字之趋简也。中国文字，衍形不衍音，故进化之难，原因于此者不少。但衍形之中，亦多变异，而改易最剧者，惟周末为甚。仓颉以来所用古籀，象形之文，十而八九。近世学者搜罗商、周钟鼎，其字体盖大略相类。至秦皇刻石，而大变焉矣。《说文序》云："诸侯力政，……分为七国，……言语异声，文字异形。秦始皇帝初兼天下，丞相李斯，乃奏闻之，罢其不与秦文合者。"③然则当时各国，各因所宜，随言造文，转变非一。故今传《墨子》、《楚辞》所用字，往往与北方中原之书互有出入。《汉书·艺文志》谓"秦始造隶书，起于官狱多事，苟趋省易"④。其实日趋简易者，人群进化之公例，积之者已非一日，而必非秦所能骤创也。文字既简，则书籍渐盛。墨子载书五车以游诸侯，庄子亦言"惠施多方，其书五车"。学者之研究日易，而发达亦因之以速，势使然也。此其六。

一由于讲学之风盛也。前此学术既在世官，则非其族者不敢希望。及学风兴于下，则不徒其发生也骤，而其传播也亦速。凡创一学说者，辄广求徒侣，传与其人。而千里负笈者，亦不绝于道。孔子之弟子三千；墨子之巨子遍于宋、郑、齐之间；孟子后车数十乘，从者数百人；许行之徒数十人，捆屦织席以为食：盖百家莫不皆然矣。此实定、哀以前之所无也。故一主义于此，一人倡之，百人从而和之；一人启其端，而百人扬其华，安得而不昌明也？此其七。

此七端者，能尽其原因与否，吾不敢言；要之略具于是矣。全盛时代之所以为全盛，岂偶然哉！岂偶然哉！

第二节　论诸家之派别

先秦之学，既称极盛，则其派别自千条万绪，非易论定。今请先述古籍分类异同之说，而别以鄙见损益之。

古籍中记载最详者，为《汉书·艺文志》，其所本者刘歆《七略》也。篇中"诸子略"，实为学派论之中心点；而"兵书略"、"术数略"、"方技略"，亦学术界一部之现象也。今举"诸子略"之目如下，凡为十家，亦称九流：小说家不在九流之内。

一、儒家。二、道家。三、阴阳家。四、法家。五、名家。六、墨家。七、纵横家。八、杂家。九、农家。十、小说家。

又《史记·太史公自序》，述其父司马谈《论六家要指》，凡六家：

一、阴阳家。二、儒家。三、墨家。四、名家。五、法家。六、道德家。

诸子书中论学派者,以《荀子》之《非十二子》篇,《庄子》之《天下》篇为最详。《荀子》所论,凡六说十二家:

一、它嚣、魏牟。二、陈仲、史鳝。三、墨翟、宋钘。四、慎到、田骈。五、惠施、邓析。六、子思、孟轲。

《庄子》所论凡五家,并己而六:

一、墨翟、禽滑釐。二、宋钘、尹文。三、彭蒙、田骈、慎到。四、关尹、老聃。五、庄周。六、惠施。

以上四篇,皆专论学派者也。其他各书,论及者亦不鲜。《孟子》则以杨、墨并举,又以儒、墨、杨并举;《韩非子·显学》篇,则以儒、墨并举,又以儒、墨、杨、秉并举;《史记》则以老子、韩非合传,而《孟子荀卿传》中,附论驺忌、驺衍、淳于髡、慎到、环渊、接子、田骈、驺奭、公孙龙、剧子、李悝、尸子、长卢、吁子以及墨翟焉。

四篇之论,荀子最为杂乱。荀子北派之巨子也,故所列十二家皆北人,而南人无一焉。以老子、杨朱之学如此其盛,乃缺而不举,遗憾多矣西方之学亦未一及。且所论者,除墨翟、惠施之外,皆非其本派中之祖师也。若乃子思、孟轲,本与荀同源;而其强辞排斥,与他子等。盖荀卿实儒家中最狭隘者也,非徒崇本师以拒外道,亦且尊小宗而忘大宗。虽谓李斯坑儒之祸,发于荀卿,亦非过言也。李斯坑儒，所以排异己者，实荀卿狭隘主义之教也。故其所是非，殆不足采。《艺文志》亦非能知学派之真相者也。既列儒家于九流，则不应别著"六艺略"；既崇儒于六艺，何复夷其子孙以侪十家？其疵一也。纵横家毫无哲理，小说家不过文辞，杂家既谓之杂矣，岂复有家法之可言？而以之与儒、道、名、法、墨等比类齐观，不合论理，其疵二也。农家固一家言也，但其位置与兵、商、医诸家相等。农而可列于九流也，则如孙、吴之兵，计然、白圭之商，扁鹊之医，亦不可不为一流。今有"兵家略"、"方技略"在"诸子略"之外，于义不完，其疵三也。"诸子略"之阴阳家，与"术数略"界限不甚分明，其疵四也。故吾于班、刘之言，亦所不取。庄子所论，推重儒、墨、老三家，颇能絜当时学派之大纲，《天下》篇前一段所谓"内圣外王"之学者，指儒家也；宋銒、尹文，墨派也；彭蒙、田骈、慎到，老派也；庄子本身，老派也；惠施，名家言，亦与墨子《大取》《小取》等篇相近，近于墨派也。篇中一唱三叹者，惟孔、墨、老三家，实能知学界之大势也。然犹有漏略者。太史公司马谈之论，则所列六家，五雀六燕，轻重适当，皆分雄于当时学界中，旗鼓相当者也。分类之精，以此为最。虽然，欲以观各家所自起，及其精神之所存，则谈之言犹未足焉耳。今请据群籍，审趋势，自地理上、民族上放眼观察，而证以学说之性质，制一"先秦学派大势表"如下：

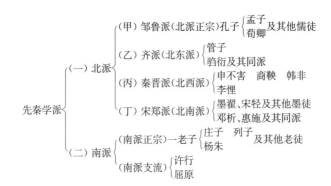

欲知先秦学派之真相,则南、北两分潮,最当注意者也。凡人群第一期之进化,必依河流而起,此万国之所同也。我中国有黄河、扬子江两大流,其位置、性质各殊,故各自有其本来之文明,为独立发达之观。虽屡相调和混合,而其差别相自有不可掩者。凡百皆然,而学术思想其一端也。北地苦寒硗瘠,谋生不易,其民族销磨精神日力以奔走衣食、维持社会,犹恐不给,无余裕以驰骛于玄妙之哲理,故其学术思想,常务实际,切人事,贵力行,重经验,而修身齐家治国利群之道术,最发达焉。惟然,故重家族,以族长制度为政治之本,封建与宗法,皆族长政治之圆满者也。敬老年,尊先祖,随而崇古之念重,保守之情深,排外之力强。则古昔,称先王;内其国,外夷狄;重礼文,系亲爱;守法律,畏天命:此北学之精神也。南地则反是。其气候和,其土地饶,其谋生易,其民族不必惟一身一家之饱暖是忧,故常达观于世界以外。初而轻世,既而玩世,既而厌世。不屑屑于实际,故不重礼法;不拘拘于经验,故不崇先王。又其发达较迟,中原之人,常鄙夷之,谓为蛮野,故其对于北方学派,有吐弃之意,有破坏之心。探玄理,出世界;齐物我,平阶级;轻私爱,厌繁文;明自然,顺本性:此南学之精神也。今请两两对照比较,以明其大体之差别,列表如下:

北派崇实际	南派崇虚想
北派主力行主动	南派主无为主静
北派贵人事	南派贵出世
北派明政法	南派明哲理
北派重阶级《中庸》曰:"亲亲之杀,尊贤之等,礼所生也。"	南派重平等如《庄子》"齐物"、许行"并耕"之论。
北派重经验	南派重创造
北派喜保守孔子曰:非先王法服不敢服,非先王法行不敢行。	南派喜破坏老子曰:"绝圣弃智,民利百倍;绝仁弃义,民复孝慈。"
北派主勉强勉强者,节性也。《书》曰:"节性惟日其迈。"董子曰:勉强学问,勉强行道。孔子曰:"克己复礼为仁。"	南派明自然自然者,顺性也。庄子山木之喻、浑沌窍之喻,皆其义也。
北派畏天 孔子曰:"畏天命。"	南派任天 老子曰:"天地不仁,以万物为刍狗。"
北派言排外	南派言无我
北派贵自强	南派贵谦弱

古书中言南、北分潮之大势者,亦有一二焉。《中庸》云:"宽柔以教,不报无道,南方之强也";"衽金革,死而不厌,北方之强

也"。《孟子》云："陈良,楚产也,悦周公、仲尼之道,北学于中国。北方之学者,未能或之先也。"是言南、北之异点,彰明较著者也。要之此全盛时代之第一期,实以南、北两派中分天下。北派之魁,厥惟孔子;南派之魁,厥惟老子。孔学之见排于南,犹老学之见排于北也。试观孔子在鲁、卫、齐之间,所至皆见尊崇;乃至宋而畏矣,至陈、蔡而厄矣,宋、陈、蔡皆邻于南也;及至楚则接舆歌之,丈人揶揄之,长沮、桀溺目笑之,无所往而不阻焉:皆由学派之性质不同故也。北方多忧世勤劳之士,孔席不暖,墨突不黔,栖栖者终其身焉;南方则多弃世高蹈之徒,接舆、丈人、沮、溺,皆汲老、庄之流者也:盖民族之异性使然也。

孔、老分雄南、北,而起于其间者有墨子焉。墨亦北派也,顾北而稍近于南。墨子生于宋,宋,南北要冲也,故其学于南、北各有所采,而自成一家言。其务实际、贵力行也,实原本于北派之真精神,而其刻苦也过之;但其多言天鬼,颇及他界,肇创论法,渐阐哲理,力主兼爱,首倡平等,盖亦被南学之影响焉。故全盛时代之第二期,以孔、老、墨三分天下。

孔、老、墨之盛,非徒在第二期而已,直至此时代之终。其余波及于汉初,犹有鼎足争雄之姿详见第三章。今为三大宗表,示其学派势力之所及如下:

三宗

孔学

小康一派 《春秋》据乱世、升平世之义，以法治国、以礼率民，故法家言亦颇出于此。其的传者为荀卿，而李克、李悝等之治术，亦多本此。李斯受其道以相秦，秦制多本焉。汉初贾谊、晁错，皆汲其流。此派之传最永。

大同一派 《春秋》太平世之义，传诸子游，而孟子大昌明之。《荀子·非十二子》篇，攻子思、孟子云："以为仲尼、子游，为兹厚于后世。"可见子思、孟子之学，实由子游以受于孔子也。此派为荀派所夺，至秦而绝。

天人相与一派 此派亦《春秋》之学，而其原出于《易》与《洪范》。盖九流所谓阴阳家者，此派之流裔也。以纬书为论宗，齐派（即北东派）多由此出。至汉代而极盛，董子及其余今文家言，皆其子孙也。

心性一派 世子（硕）、漆雕等传之，孟子、荀子、告子，皆各明一义。阅千余年后，衍为宋明学。

考证一派 孔子祖述宪章，征夏礼、殷礼于杞、宋，读《易》韦编三绝，盖于考证古书，三致意焉。北派之重经验、崇前古，势则然也。此派亦荀卿受之。汉兴，六经皆荀卿所传，衍为东汉、初唐注疏之学。其末流盛于本朝乾、嘉间。

记纂一派 孔子因鲁史作《春秋》，左丘明采《国语》以为之传，盖北学重先例，故史学之兴，亦相因而至者也。太史公以绍述孔学自命，其作《史记》，即受孔子此派之教也。

老学

哲理一派 此道德家言之正宗也。庄、列传之，大盛于魏、晋间。

厌世一派 凡游心空理者，必厌离世界。楚狂、沮、溺之徒，皆汲老学之流也。后世《逸民传》中人，皆属此派。

权谋一派 老学最毒天下者，权谋之言也。将以愚民，非以明民，将欲取之，必先与之，此为老学入世之本。故纵横家言，实出于是；而法家末流，亦利用此术。《韩非子》有《解老》等篇，史公以老、韩合传，最得真相。此派极盛于战国之末矣。

纵乐一派 杨朱传之，数千年来，日盛一日。

神秘一派 谷神玄牝，流沙化胡，盖必有所授焉。后衍为神仙方术家言，盛于秦、汉。复为符箓丹鼎之学，盛于汉末、三国、六朝。

墨学

兼爱一派 此墨学正宗也。禽滑釐等为钜子，宋轻、尹文，以禁攻寝兵为务，皆此学之感化也。战国之末，祖述之者极盛。

游侠一派 凡兼爱者必恶公敌，除害马乃所以爱马也。故墨学衍为游侠之风。楚之攻宋，墨子之徒，赴其难而死者七十二人，皆非有所为而为也，殉其主义而已。自战国以至汉初，此派极盛。朱家、郭解之流，实皆墨徒也。

名理一派 《墨子·经说》上下、《大取》、《小取》等篇，多名家言。《庄子·天下》篇，言南方之墨者，以坚白同异之论相訾，以觭偶不仵之言相应。

此其大略也。虽然,吾非谓三宗之足以尽学派也,又非如俗儒之牵合附会,欲以当时之学派,尽归纳于此三宗也;不过示其势力之盛,及拓殖之广云尔。请更论余子。

南、北两派之中,北之开化先于南,故支派亦独多。阴阳家言,胚胎时代祝官之遗也;法家言,远祖周礼而以管子为继别之大宗,申、商为继祢之小宗,及其末流,面目大殊焉;名家言最后起,而常为诸学之媒介者也。孔、老、墨而外,惟此三家,蔚为大国,巍然有独立之姿。而三家皆起于北方。此为全盛时代第三期。

齐,海国也。上古时代,我中华民族之有海思想者厥惟齐。故于其间产出两种观念焉:一曰国家观,二曰世界观。国家观衍为法家,世界观衍为阴阳家。自管仲藉官山府海之利,定霸中原,锐意整顿内治,使成一"法治国"Rechtsstat 之形。《管子》一书,实国家思想最深切著明者也。但其书必非管子所自作,殆战国时其后辈所纂述。要之此书则代表齐国风者也。降及威、宣之世,而驺衍之徒兴。《史记》称:"(衍)深观阴阳消息,而作……《终始》、《大圣》之篇十余万言。其语闳大不经,必先验小物,推而大之,至于无垠。先序今以上至黄帝,学者所共术,并世盛衰,因载其机祥度制,推而远之,至天地未生,窈冥不可考而原也。先列中国名山大川通谷禽兽,水土所殖,物类所珍,因而推之,及海外人之所不能睹。称引天地剖判以来，五德转移，治各有宜，而符应若兹。以为儒者所谓中国者，于天下乃八十一分之一耳。中国名曰赤县神州。赤县神州内，自有九州，禹之序九州是也，不得为州数。中国外如赤县神州者九，乃所谓九州也。于是有裨海环之。……如此者九，乃有大瀛海环其外焉。”[⑤]《史记·孟子荀卿列传》此其思想何等伟大，其推论何等渊微！非受海国感化者，孰能与于斯？驺衍所谓“先验小物，推而大之”，近世奈端、达尔文诸贤，能开出弥天际地之大学说者，皆恃此术也。虽其以阴阳为论根，未免失据，然萌芽时代，岂能以今日我辈数千年后之眼识訾议之耶？驺子既没，而稷下先生数百辈，犹演其风。及秦、汉时，遂有渡海求蓬莱之事。徐福之开化日本，皆驺子之徒导之也。此为齐派（北东派）之两大家。齐派之能独立于邹鲁派以外也，大国则然也，海国则然也。

秦，黄族先宅之地，而三皇所迭居也，控山谷之险，而民族强悍，故国家主义，亦最易发达。及战国之末，诸侯游士，辐辏走集，秦一一揖而入之。故其时西方之学术思想，烂然光焰万丈，有睥睨北、南、东而凌驾之之势。申不害，韩产也；商鞅，魏产也。三晋地势，与秦相近，法家言勃兴于此间。而商鞅首实行之，以致秦强。逮于韩非，以山东功利主义，与荆楚道术主义，合为一流；李斯复以儒术缘附之；而李克、李悝等，亦兼儒、法以为治者也。于是所谓秦晋派(北西派)者兴。秦晋派实前三派之合体而变相者也。

宋、郑,东西南北之中枢也,其国不大,而常为列强所争,故交通最频繁焉。于是墨家、名家,起于此间。墨家之性质,前既言之矣;而墨翟亦名学一宗师也。名家言起于郑之邓析,而宋之惠施,及赵之公孙龙,大昌之。名家言者,其繁重博杂似北学,其推理俶诡似南学,其必起于中枢之地,而不起于齐、鲁、秦、晋、荆楚者,地势然也。其气象颇小,无大主义可以真自立,其不起于大国而必起于小国者,亦地势然也。要之此齐、秦晋、宋郑之三派者,观其大体,自划然活现北学之精神,而必非南学之所得而混也。地理与文明之关系,其密切而不可易,有如此者,岂不奇哉!

南派之老、庄尚矣,而杨朱亦老学之嫡传也。杨子居为老子之徒,见《庄子》。杨氏之为我主义、纵乐主义,实皆起于厌世观。《列子·杨朱》篇引其学说曰:"世事苦乐,古犹今也;变易治乱,古犹今也。既闻之矣,……既更之矣,百年犹厌其多,而况久生之苦也乎?"[⑥]又曰:"生则尧舜,死则腐骨;生则桀纣,死则腐骨。腐骨一矣,孰知其异?"盖其厌世之既极,任自然之既极,乃觉除为我主义、纵乐主义,更无所可事。此其与近世边沁、弥儿等之为我派、快乐派,由功利主义而生者,迥殊科矣。故北学之有墨,南学之有杨,皆走于两极端之极点,而立于正反对之地位。杨之于老,得其体而并神其用。杨学之几夺老席,非偶然也,故杨氏不可不列于大家而论之。

许行亦南学一代表也。但其流传甚微,非惟学说不见于他书,即其名亦除孟子外,未有称述之者。虽然,其所持理论,颇与希腊柏拉图之共产主义及近世欧洲之社会主义 Socialism 社会主义,与无政府主义相类,而亦不尽同。社会主义者,溺平等博爱之理论,而用之过其度者也。相类,盖反对北人阶级等杀之学说,矫枉而过其直者也。至其精神,渊源于老学,固自有不可掩者。老氏以初民之状态,为群治之极则,故其言曰,郅治之极,"邻国相望,鸡犬之声相闻","民各甘其食,美其服,安其俗,乐其业","至老死不相往来"。此正南方沃土之民之理想,而北人所必无者也。北方政论,主干涉主义;保民、牧民,皆干涉也。南方政论,主放任主义。此两主义者,在欧洲近世,互相沿革,互相胜负,而其长短得失,至今尚未有定论者也。十八世纪以前,重干涉主义;十八世纪后半、十九世纪前半,重放任主义;近则复趋于干涉主义。英国,放任主义之代表也;德国,干涉主义之代表也。卢梭,放任主义之宗师也;伯伦知理,干涉主义之宗师也。格兰斯顿,放任主义之实行者也;俾斯麦,干涉主义之实行者也。而许行实放任主义之极端也。吾甚惜其微言之湮没而不彰也。《汉志》农家者流,殆即指许行一派。若仅以李克"尽地力"者当之,似不足为一家言也。又按:许行一派,亦兼有墨家主义,殆南而稍染北风也。但墨主干涉,而许主放任,其精神自异。

屈原,文豪也,然其感情之渊微,设辞之瑰伟,亦我国思想界中一异彩也。屈原以悲闵之极,不徒厌今而欲反之古也,乃直厌俗而欲游于天。试读《离骚》自"跪敷衽以陈词兮"至"哀高丘之无女"一段,自"灵氛既告余以吉占兮"至"蜷局顾而不行"一段,徒见其词藻之纷纶杂逐,其文句之连狋俶傥,而不知实厌世主义之极点也。《九歌》《天问》等篇,盖犹胚胎时代之遗响焉。南人开化,后于北人,进化之迹,历历可征也。屈原生于贵族,故其国家观念之强盛,与立身行己之端严,颇近北派;至其学术思想,纯乎为南风也。此派后入汉而盛于淮南。淮南鸡犬,虽谓闻三闾之说法而成道可也。

以上皆各派分流之大概也。北派支流多而面目各完,南派支流少而体段未具。固由北地文明之起先于南,亦缘当时载籍所传,北详南略,故南人之理想,残缺散佚而不可观者,尚多多也。

诸派之初起,皆各树一帜,不相杂厕;及其末流,则互相辨论,互相薰染,往往与其初祖之学说相出入,而旁采他派之所长以修补之。故战国之末,实为全盛时代第四期,亦名之混合时代,殆全盛中之全盛也。其时学界大势,有四现象:一曰内分,二曰外布,三曰出入,四曰旁罗。四者皆进步之证验也。所谓内分者,《韩非子·显学》篇云:"自孔子之死也,有子张之儒,有子思之儒,有颜氏之儒,有孟氏之儒,有漆雕氏之儒,有仲梁氏之儒,有孙氏之儒即荀卿,有乐正氏之儒。自墨子之死也,有相里氏之墨,有相夫氏之墨,有邓陵氏之墨。故孔、墨之后,儒分为八,墨离为三。"而《荀子·非十二子》篇亦云:"子游氏之贱儒","子夏氏之贱儒","子张氏之贱儒"。《庄子·天下》篇云:"相里勤即《韩非子》所谓相里氏也。之弟子,五侯之徒,南方之墨者,苦获、已齿、郭注云:二人姓氏也。邓陵子之属,俱诵《墨经》,而倍谲不同,相谓别墨;以坚白同异之辩相訾,以觭偶不仵之辞相应。"观此可见当时各派分裂之大概矣。自余诸流,虽其支派不甚可考,要之必同此现象无疑也。后世曲儒,或以本派分裂,为道术衰微;不知学派之为物,与国家不同。国家分争而遂亡,学术分争而益盛。其同出一师而各明一义者,正如医学之解剖,乃能尽其体而无遗也。

所谓外布者,各派皆起于本土,内力既充,乃务拓殖民地于四方。于斯之时,地理界限渐破,有南、北混流之观。《史记·儒林传》云:孔子既没,"七十子之徒,散游诸侯。……故子路居卫,澹台子羽居楚,子夏居西河,子贡终于齐"。西河,北西派所领地也;齐,北东派所领地也;楚,则南派之老营也。孟子曰:"陈良,楚产也,……北学于中国。北方之学者,未能或之先也。"是儒行于南之证也。庄子云:"南方之墨者,苦获、已齿、邓陵子之属,俱诵《墨经》。"是墨行于南之证也。慎到,赵人,田骈、接子,齐人,皆学黄、老道德之术见《史记·孟荀传》;韩非,韩人,有《解老》之篇,是老行于北之证也。故其时学术渐进,不能以地为限。智识交换之途愈开,而南、北两文明,与接为构,故蒸蒸而日向上也。

所谓出入者,当时诸派之后学,常从其所好,任意去就。孟子曰:"逃墨必归于杨,逃杨必归于儒。"盖出彼入此,恬然不以为怪也。故禽滑釐,子夏弟子也,而为墨家巨子;庄周,田子方弟子也,而为道家魁桀;韩非、李斯,荀卿之弟子也,而为法家大成;陈相,陈良弟子也,而为农家前驱。自余诸辈,不见于载记者,当复何限! 可见其时思想自由,达于极点,非如后世暖暖姝姝守一先生之言,而尺寸不敢越其畔也。

所谓旁罗者,当时诸派之大师,往往兼学他派之言,以光大本宗。如儒家者流之有荀卿也,兼治名家、法家言者也;道家者流之有庄周也,兼治儒家言者也;法家者流之有韩非也,兼治道家言者也。北、南、东、西四文明,愈接愈厉,至是几将合一炉而冶之。杂家之起于是时,亦运会使然也。苏、张纵横之辨,髡、衍稷下之谈,其论无当于宏旨,其义不主于一家,盖承极盛之后,闻见杂博,取材赡宏。秦相吕不韦,至集诸侯游客,作八览、六论、十二纪,兼儒、墨,合名、法,综道、德,齐兵、农,实千古类书之先河,亦一代思想之渊海也。故全盛时代第四期,列国之国势,楚、齐、秦三分而终并于秦;思想界之大势,亦楚、齐、秦鼎立而汇合于秦。今请更列一时期变迁表如下:

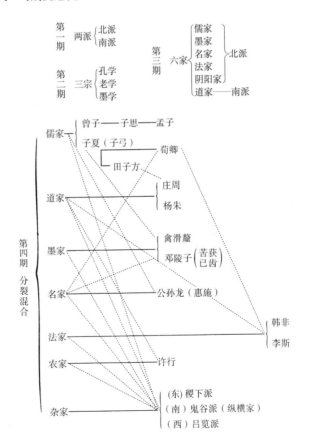

当时所极盛者,不徒哲理、政法诸学而已,而专门实际之学,亦多起乎其间。其一曰医学:《黄帝内经素问》,考古者定为战国时书,盖非诬也。最名家者为扁鹊,其术能见五脏症结,盖全体之学精也;能割皮、解肌、诀脉、结筋、搦髓脑、揲荒爪幕,湔浣肠胃,则解剖之学明也。其二曰天算:《周髀算经》、《九章算术》,亦衍于战国。《管子》有《地员》篇,是知地圆之理也;纬书言地有四游,是知地动之理也。汉张衡有地动仪。其名家之人,不能指之。其三曰兵法学:《孙武子》一书,兵学之精神备焉,虽拿破仑之用兵,不能出其范围也。而《吴子》、《司马法》,亦有渊源。其四曰平准学日本所谓经济学:计然之策七,范蠡用其五于越国而霸诸侯;既施诸国,乃用诸家,三致千金焉。白圭乐观时变,尝自言"吾之治生也,犹伊尹、吕尚之谋,孙、吴用兵,商鞅行法,……是故其智不足与权变,勇不足以决断,仁不能以取予,强不能有所守,虽欲学吾术,终不告之矣"⑦。俱见《史记·货殖传》是皆深通平准学,技而进乎道者也。

此外则尚有史学,亦颇发达。史学盖原于胚胎时代,至此乃渐成一家言者。太史公屡称"左丘失明,厥有《国语》";而《春秋左氏传》一书,烂然为古代思想之光影焉。《汉志》有《铎氏春秋》,楚人铎椒之著也;有《虞氏春秋》,赵人虞卿之著也。其书今佚。其或为记事之史，如《左氏传》；或为解经之书，如《公羊》、《穀梁传》；或为纂述之书，如《吕氏春秋》。皆不可考。此亦史学思想萌芽之征也。而其时光焰万丈者，尤在文学。文学亦学术思想所凭借以表见者也。屈、宋之专门名家者勿论，而老、墨、孟、荀、庄、列、商、韩，亦皆千古之文豪也。文学之盛衰，与思想之强弱，常成比例。当时文家之盛，非偶然也。

以上所列各派之流别，略具矣。但有附庸诸家，不能遍论者，今请列其总目如下：或虽非大家而有著书者亦列之，或虽无著书而为他书所称述者亦列之。

孔子　老子　墨子　管子战国时人纂集。　晏子战国时人纂集，《汉志》列于儒家。孟子　荀卿　关尹子　列子或云依托。　庄子　慎子　文子采集本或云依托。　鹖冠子楚人，居深山，以鹖为冠。其书今采集本或云依托。　商君　韩非子　公孙龙子　尉缭子刘向《别录》云：缭为商君学。　尸子名佼，晋人。商君师之。其书今采集本。申子采集本。　鬼谷子或云依托。　邓析子采集本。　尹文子　惠子采集本。　楚辞　孙武子

以上其书今存列于《四库总目》者。其《四库》不载而近世采集成本通行者数种亦附焉。

子思二十三篇　曾子十八篇　漆雕子十三篇　宓子十六篇

名不齐,孔子弟子。　景子三篇《汉志》原注云:"说宓子语,似其弟子。"世子二十一篇名硕。　魏文侯六篇　李克七篇子夏弟子。　公孙尼子二十八篇　芊子⑧十八篇名婴。　宁越一篇　公孙固一篇董子一篇原注云:"名无心,难墨子。"　徐子一篇⑨原注云:"宋外黄人。"鲁仲连子十四篇　平原君七篇　虞氏春秋十五篇虞卿。**以上儒家者流。**　蜎子十三篇原注云:"名渊,楚人,老子弟子。"　老成子十八篇　长卢子九篇楚人。　王狄子一篇　公子牟四篇原注:"魏之公子也。先庄子,庄子称之。"　田子二十五篇名骈。　老莱子十四篇⑩楚人。　黔娄子四篇原注云:"齐隐士。"　**以上道家者流。**　邹子四十九篇又邹子终始五十六篇原注:"名衍,齐人,为燕昭王师。"　公孙发二十二篇原注:"六国时。"　乘丘子五篇原注:"六国时。"　杜文公五篇原注:"六国时。"刘向《别录》云:韩人也。　黄帝泰素二十篇原注:"六国时,韩诸公子所作。"　南公三十一篇原注:"六国时。"　邹奭子十二篇原注:"齐人。"　公梼生终始十四篇⑪原注:"传邹奭《始终》书。"　闾丘子十三篇原注:"名快,魏人,在南公前。"冯促十三篇原注:"郑人。"　将钜子五篇原注:"六国时。在南公前,南公称之。"⑫　**以上阴阳家者流。**　李子三十二篇原注:"名悝,相魏文侯。"　处子九篇　**以上法家者流。**　毛公九篇原注:"赵人,与公孙龙等并游平原君家。"⑬　**以上名家者流。**　田俅子一篇原注:"先韩子。" 我子一篇 随巢子六篇 胡非子三篇原注并云："墨翟弟子。" **以上墨家者流。** 苏子三十一篇 张子十篇 庞煖二篇原注："为燕将。" **以上纵横家者流。** 伍子胥八篇 子晚子三十五篇原注云："齐人,好议兵。" **以上杂家者流。** 神农二十篇原注云："六国时,诸子疾时怠于农业,道耕农事,托之神农。" 野老十七篇原注云："六国时。" **以上农家者流。** 齐孙子八十九篇原注："图四卷。"颜注:孙膑也。 公孙鞅二十七篇 吴起四十八篇 范蠡二篇 大夫种二篇 李子十篇 庞煖三篇 兒良一篇六国时。王孙十六篇原注:"图五卷。" 魏公子二十一篇原注:"图十卷,名无忌。" **以上兵书略。** 扁鹊内经九卷外经十二卷 白氏内经三十八卷外经三十六卷 **以上方伎略。**

以上其书今佚,见于《汉书·艺文志》者。

它嚣见《荀子·非十二子》篇。 魏牟同上。《汉志》道家之公子牟,疑即是人。 陈仲同上。又见《孟子》。 史䲡同上。《论语》作史鱼。宋钘同上。又见《庄子·天下》篇。《孟子》作宋牼。 鼓蒙见《庄子·天下》篇。 许行见《孟子》。 告子见《孟子》,盖儒家也。 杨朱屡见《孟子》、《庄子》。《列子》有《杨朱》篇,载其学说。 子莫见《孟子》。执杨、墨之中者。 淳于髡见《孟子》。《史记》云:"博闻强记,学无所主。" 接子见《史记》。齐人。 环渊见《史记》。楚人,著上、下篇。或云即《汉志》之蜎子。 剧子见《史记》。 吁子见《史记》。《索隐》云：即《汉志》之芈子也。[14] 秉见《庄子》。庄子谓惠施曰："儒、墨、杨、秉四，与夫子而五。"[15]秉不知其何指，或言公孙龙字子秉也。待考。 白圭计然俱见《史记》。

以上其名散见群书，无自著书；或有之而不载于《汉志》者。

综是观之，伟大哉，此时代之学术思想乎！繁赜哉，此时代之学术思想乎！权奇哉，此时代之学术思想乎！谓黄帝子孙而非神明也，谓亚洲大陆而非灵秀也，嘻，乌克有此！嘻，乌克有此！

第三节 论诸家学说之根据及其长短得失（阙）

此节原为本论最要之点，但著者学殖浅薄，综合而论断之，自愧未能，尚须假以时日，悉心研究，非可以半月一期报章之文，率尔操觚也。又其言太长，登诸报中，动辄数月，恐听者惟恐卧矣。以此二障，故从阙如。若夫就正有道，当俟全书杀青时矣。 著者附识

第四节 先秦学派与希腊印度学派比较

呜呼，世运之说，岂不信哉！当春秋、战国之交，岂特中国民

智,为全盛时代而已;盖征诸全球,莫不尔焉。自孔子、老子以迄韩非、李斯,凡三百余年,九流百家,皆起于是。前空往劫,后绝来尘,尚矣。试征诸印度:万教之狮子厥惟佛。佛之生,在孔子前四百十七年,在耶稣前九百六十八年,此侯官严氏所考据也,见《天演论》下第三章案语。今从之。凡住世者七十九岁。佛灭度后六百年而马鸣论师兴,七百年而龙树菩萨现。马鸣、龙树,殆与孟子、荀卿同时也。八百余年而无著、世亲、陈那、护法诸大德起,大乘宏旨,显扬殆罄,时则秦、汉之交也。而波你尼之声论哲学,为婆罗门教中兴巨子,亦起于马鸣前百余年。波你尼之学,以言语为道本,颇似五明中之声明,又与柏拉图之观念说相类。其时代传说不同,大率先波腾阇梨二百年。此印度之全盛时期也。更征诸希腊:七贤之中,德黎 Thales 称首,生鲁僖二十四年。亚诺芝曼德 Anaximandros[⑩],倡无极说者也,生鲁文十七年。毕达哥拉 Pythagoras,天算鼻祖,以律吕言天运者也,生鲁宣间。芝诺芬尼 Xenophanes,创名学者也,生鲁文七年。巴弥匿智 Parmenides,倡有宗者也,生鲁昭六年。额拉吉来图 Herakleitos,首言物性,而天演学之远祖也,生鲁定十三年。安那萨哥拉 Anaxagoras,讨论原质之学者也,额、安二哲皆安息人。生鲁定十年。德谟颉利图 Demokritos,倡阿屯论即莫破质点之说也。者也,生周定王九年。

梭格拉底 Sokrates，言性理道德，西方之仲尼也，生周元王八年。柏拉图 Plato，伦理、政术之渊源也，生周考王十四年。亚里士多德 Aristoteles，古代学派之集大成也，生周安王十八年。此外则安得臣 Antisthenes[17]，什匿派之大宗，倡克己绝欲之教者也，生周元间。芝诺 Zenor，斯多噶派之初祖，而泰西伦理风俗所由出也，生周显三年。伊壁鸠鲁 Epikuros，幸福主义之祖师也，生周显廿七年。至阿克西拉 Arkesilaos，倡怀疑学派，实惟希腊思想一结束。阿氏生周赧初年，卒始皇六年，是时正值中国焚坑之祸将起，而希学支流，亦自兹稍涸矣。由是观之，此前后一千年间，实为全地球有生以来空前绝后之盛运。兹三土者，地理之相去，如此其辽远，人种之差别，如此其淆异；而其菁英之磅礴发泄，如铜山崩而洛钟应，伶伦吹而凤皇鸣。於戏！其偶然耶，其有主之者耶，姑勿具论；要之此诸哲者，同时以其精神相接构相补助相战驳于一世界遥遥万里之间，既壮既剧，既热既切。我辈生其后、受其教而食其赐者，乌可以不歌舞之！乌可以不媒介之！

　　以地理论，则中国、印度同为东洋学派，而希腊为西洋学派；以人种论，则印度、希腊同为阿利扬族学派，而中国为黄族学派；以性质论，则中国、希腊同为世间学派，而印度为出世间学派。希腊之斯多噶派、伊壁鸠鲁派、怀疑派，虽亦讲求解脱主义，然犹世间法之解脱也。中国之老、庄亦然。故三者互有其相同之点，相异之点。今请校其长短而僭论之。

(甲) 与希腊学派比较

(一) 先秦学派之所长

凡一国思想之发达，恒与其地理之位置、历史之遗传有关系。中国者大国也，其人伟大之国民也，故其学界全盛之时，特优于他邦者自不少。今请举其五事：

曰国家思想之发达也。希腊有市府而无国家。如雅典、斯巴达诸邦，垂大名于历史者，实不过一都会而已。虽其自治之制整然，然终不能组织一国，如罗马及近世欧洲列邦。卒至外敌一来，而文明之迹，随群市府以同成灰烬者，盖国家思想缺乏使然也。柏拉图、亚里士多德，皆有功于政治学，而皆不适于造完全之国家。中国则自管子首以国家主义倡于北东，其继起者率以建国问题为第一目的，群书所争辩之点，大抵皆在此。虽孔、老有自由、干涉之分，商、墨有博爱、苛刻之异，然皆自以所信为立国之大原一也。中国民族所以能立国数千年，保持固有之文明而不失坠者，诸贤与有劳焉矣。此其一。

曰生计 Economy 问题之昌明也。希腊人重兵事，贵文学，而于生计最不屑屑焉。故当时哲学、技术,皆臻极盛,为万世师;独于兹科,讲论殊少,惟芝诺芬尼、亚里士多德,尝著论之而已。而中国则当先秦时,此学之昌,殆与欧洲十六、七世纪相颉颃。若管子《轻重》《乘马》之篇,孟子井田彻助之制,墨翟务本节用之训,荀卿养欲给求之论,李悝尽地力之业,白圭观时变之言,商鞅开垦之令,许行并耕之说,或阐原理,或述作用,或主农稼,或贵懋迁,或倡自由政策 Free Trade,《孟子》:关市讥而不征,则天下之民,皆悦而愿藏诸其市矣。或言干涉主义,济济彬彬,各明一义。盖全地球生计学即前论所屡称之平准学发达之早,未有吾中国若者也。余拟著一《中国生计学史》,搜集前哲所论,以与泰西学说相比较。若能成之,亦一壮观也。此其二。

曰世界主义之光大也。希腊人,岛民也。其虚想虽能穷宇宙之本原,其实想不能脱市府之根性,故于人类全体团结之业,统治之法,幸福之原,未有留意者。中国则于修身、齐家、治国之外,又以平天下为一大问题。如孔学之大同太平,墨学之禁攻寝兵,老学之抱一为式,驺衍之终始五德,大抵向此问题而试研究也。虽其所谓天下者非真天下,而其理想固以全世界为鹄也。斯亦中国之所以为大也。此其三。

大抵中国之所长者在实际问题,在人事问题。就一二特点论之,则先秦时代之中国,颇类欧西今日;希腊时代之欧西,反类中国宋、明间也。此不过言其有相类者耳,非指其全体也。读者勿泥视。至就全体上论之,则亦有见优者。

曰家数之繁多也。希腊诸哲之名家者凡十余人,其所论问题,不出四五。大抵甲倡一说,而乙则引伸之,或反驳之,故其学界为螺线形,虽千变万化,殆皆一线所引也。中国则地大物博,交通未盛,学者每闭门造车,出门应辙,常非有所承而后起者也,故其学界为无数平行线形。六家九流之门户,前既言之矣;而其支与流裔,何啻百数!故每一问题,胪其异说,辄累累若贯珠然;而问题之多,亦冠他界。此其四。

曰影响之广远也。自马基顿兼并以后,至西罗马灭亡以前,凡千余年间,希腊学术之影响于欧洲社会者甚微,盖由学理深远,不甚切于人事也。斯多噶派,虽与罗马风俗有影响,然不多也。先秦学者,生当乱世,目击民艰,其立论大率以救时厉俗为主,与群治之关系甚切密,故能以学说左右世界,以亘于今。虽其为益为损,未易断言;要其势力之伟大,殆非他方学界所能及也。此其五。

(二)先秦学派之所短

不知己之所长,则无以增长光大之;不知己之所短,则无以采择补正之。语其长,则爱国之言也;语其短,则救时之言也。今请举中国之缺点：

一曰论理 Logic 思想之缺乏也。凡在学界，有学必有问，有思必有辩。论理者，讲学家之剑胄也。故印度有因明之教，因明学者，印度五明之一也。其法为因、宗、喻三段，一如希腊之三句法。而希腊自芝诺芬尼、梭格拉底，屡用辩证法，至亚里士多德，而论理学蔚为一科矣。以此之故，其持论常圆满周到，首尾相赴，而真理愈析而愈明。中国虽有邓析、惠施、公孙龙等名家之言，然不过播弄诡辩，非能持之有故，言之成理，而其后亦无继者。当时坚白马等名学之词句，诸子所通称道也。如墨子《大取》《小取》等篇最著矣，即孟、荀、庄、韩书中，亦往往援为论柄。但其学终不成一科耳。以故当时学者，著想非不邃奥，论事非不宏廓，但其周到精微，则远不逮希、印二土。试举一二为例。孟子云："杨氏为我，是无君也；墨氏兼爱，是无父也。"夫"为我"何故与"无君"同物，"兼爱"何故与"无父"同物，一以论理法反诘之，必立穷矣。孟子言"性善"，谓辞让之心，人皆有之；荀子言"性恶"，谓人之性好利，顺是则争夺生而辞让亡。其论法同一，而根据与结断皆相反，终相持而不能决，皆由无论理以范围之，不能于对待求真理也。《墨子·天志》篇云："然则天亦何欲何恶？天欲义而恶不义。（中略）然则何以知欲义而恶不义？曰天下有义则生，无义则死。（中略）然则天欲其生而恶其死。（中略）此我所以知天欲义而恶不义也。"[18]云云。语中叠用数"然则"字,望之极似循环论法。然究其极际,则天何以欲其生而恶其死之理据,墨子不能言也,是其前论之基础,胥不立矣。中国古书之说理,类此者什九,不能遍举也。大抵西人之著述,必先就其主题,立一界说,下一定义,然后循定义以纵说横说之。中国则不然,如孔子之言仁言孝,其义亦寥廓而不定,他无论矣。坐此之故,譬之虽有良将健卒,而无戈矛甲胄以为之藉,故以攻不克,以守不牢。道之不能大光,实由于是。推其所以缺乏之由,殆缘当时学者,务以实际应用为鹄,而理论之是非,不暇措意,一也。又中国语言、文字分离,向无文典语典 Language Grammar 之教,因此措辞设句之法,不能分明,二也。又中国学者,常以教人为任,有传授而无驳诘,非如泰西之公其说以待人之赞成与否,故不必定求持论之圆到,三也。此事虽似细故,然实关于学术盛衰之大原。试观泰西古代思想,集成于亚里士多德;近世文明,滥觞于倍根。彼二人皆以论理学鸣者也。后有作者,可以知所务矣。

二曰物理实学之缺乏也。凡学术思想之发达,恒与格致科学相乘。远而希腊,近而当代,有明征矣。希腊学派之中坚,为梭格拉底、柏拉图、亚里士多德师弟。梭派之学,殚精于人道治理之中,病物理之繁赜高远而置之,其门庭颇与儒、法诸家相类。但自德黎以来,兹学固已大阐,而额拉吉来图、德谟颉利图诸大师,固已潭思入微,为数千年格致先声。故希腊学界,于天道、物理、人治三者,调和均平。其独步古今,良有由也。中国《大学》,虽著"格物"一目,然有录无书;百家之言虽繁,而及此者盖寡。其间惟墨子剖析颇精,但当时传者既微,秦、汉以后,益复中绝。惟有阴阳五行之僻论,跋扈于学界,语及物性,则缘附以为辞,怪诞支离,不可穷诘;驯至堪舆、日者诸左道,迄今犹铭刻于全国人脑识之中。此亦数千年学术[19]堕落之一原因也。

三曰无抗论别择之风也。希腊哲学之所以极盛,皆由彼此抗辩折衷,进而愈深,引而愈长。譬有甲说之起,必有非甲说随起而与之抗;甲与非甲,辩争不已,时则有调和二者之乙说出焉;乙说既起,旋有非乙;乙、非乙争,又有调和,丙说斯立。此论理学中所谓三断式也。今示其图如下:

希腊学界之进步,全依此式。故自德黎开宗以后,有芝诺芬尼派

之甲说,即有额拉吉来图之非甲说与之抗。对抗不已,而有调和派三家之丙说出焉。既有丙说,旋有怀疑派之非丙说踵起,而梭格拉底之丁说出,以集其成。梭圣门下,有什匿克派之戊说,旋有奇黎尼派之非戊说,而柏拉图之己说出,以执其中。己说既行,又有德谟吉来图之非己说,而亚里士多德之庚说,更承其后。如是展转相袭,亘数百年,青青于蓝,冰寒于水,发挥光大,皆此之由。岂惟古代,即近世亦有然矣。记称舜之大智,曰"执其两端,用其中于民"。有两端焉,有中焉,则真理必于是乎在矣。乃先秦学派,非不盛也,百家异论,非不淆也,顾未有堂堂结垒,针锋相对,以激战者,其异同,皆无意识之异同也。于群言殽乱之中,起而折衷者更无闻焉。后世儒者动言"群言殽乱衷诸圣",此谰言也。此乃主奴之见,非所谓折衷也。何以故?彼其所谓"圣"者,孔子也。如老、墨等群言,则孔子之论敌也。孔子立于甲位,群言立于非甲位,然则其能折衷之者必乙也。今乃曰折衷诸甲,有是理耶?若墨子之于孔子,可谓下宣战书者矣,然其论锋殊未正对也。墨之与杨,盖立于两极端矣,维时调和之者则有执中之子莫。子莫诚能知学界之情状者哉,惜其论不传。然以优胜劣败之理推之,其不传也,必其说之无足观也。苟有精义,他书必当引及。何以于《孟子》之外,并名氏亦无睹也?凡为折衷之丙说者,必其见地有以过于甲、非甲两家,然后可以立于丙之地位。而中国殊不然，此学之所以不进也。今勿征诸远而征诸近：欧洲当近世之初，倍根、笛卡儿两派，对抗者数百年；日耳曼之康德起而折衷之，而斯学益盛，康德固有以优于倍、笛二贤者也。中国自宋、明以来，程朱、陆王两派，对抗者亦数百年，本朝汤斌等起而折衷之，而斯道转熄，汤斌固劣于晦庵、阳明远甚也。此亦古今得失之林矣。推其所由，大率论理思想之缺乏，实尸其咎。吾故曰：后有作者，不可不此之为务也。

四曰门户主奴之见太深也。凡依论理、持公心以相辨难者，则辨难愈多，真理愈明，而意见亦必不生。何也？所争者在理之是非，所敌者在说之异同，非与其人为争为敌也。不依论理、不持公心以相辨难，则非惟真理不出，而笔舌将为冤仇之府矣。先秦诸子之论战，实不及希哲之剧烈，而嫉妒褊狭之情，有大为吾历史污点者。以孔子之大圣，甫得政而戮少正卯。问其罪名，则"行伪而坚、言伪而辩、学非而博、顺非而泽"也。夫伪与真至难定形也，是与非至难定位也。藉令果伪矣，果非矣，亦不过出其所见，行其所信，纠而正之，斯亦可耳，而何至于杀！其毋乃以三盈三虚之故，变公敌而为私仇；其毋乃滥用强权，而为思想自由、言论自由之蟊贼耶？梭格拉底被僇于雅典，僇之者群盲也；今少正卯之学术，不知视梭氏何如，而以此见僇于圣人，吾实为我学界耻之。此后如墨子之非儒,则摭其陈、蔡享豚等阴私小节;孟子之距杨、墨,则毫无论据,而漫加以"无父""无君"之恶名;荀子之非十二子,动斥人为贱儒,指其无廉耻而嗜饮食。凡此之类,皆绝似村妪嫚骂口吻,毫无士君子从容论道之风,岂徒非所以待人,抑亦太不自重矣。无他,不能以理相胜,以论相折,而惟务以气相竞,以权相凌。然则焚坑之祸,岂待秦皇?彀中之入,岂待唐太?吾属稿至此,而不能不有惭于西方诸贤也。未识后之君子,能划此孽苗否也。

五曰崇古保守之念太重也。希腊诸哲之创一论也,皆自思索之,自组织之,自发布之,自承认之,初未尝依傍古人以为重也;皆务发前人所未发,而思以之易天下,未尝教人反古以为美也。中国则孔子大圣,祖述尧、舜,宪章文、武,述而不作,信而好古,非先王法言不敢道,非先王法行不敢行,其学派之立脚点,近于保守,无论矣。若夫老、庄,以破坏为教者矣,乃孔子所崇者不过今之古,而老子所崇者乃在古之古。此殆中国人之根性使然哉!夫先秦诸子,其思想本强半自创者也。既自创之,则自认之,是非功过,悉任其责,斯岂非光明磊落者耶?今乃不然,必托诸古。孔子托诸尧、舜,墨翟托诸大禹,老子托诸黄帝,许行托诸神农,自余百家,莫不如是。试一读《汉书·艺文志》,其号称黄帝、容成、岐伯、风后、力牧、伊尹、孔甲、太公所著书者不下百数十种,皆战国时人所依托也。嘻，何苦乃尔！是必其重视古人太过而甘为之奴隶也；否则其持论不敢自信，而欲诿功过于他人也；否则欲狐假虎威以欺饰庸耳俗目也。吾百思不得其解，姑文其言曰：崇古保守之念重而已。吾不敢妄谤前辈，然吾祝我国今后之学界，永绝此等腹蟹目虾之遗习也。

六曰师法家数之界太严也。柏拉图，梭氏弟子也，而其学常与梭异同；亚里士多德，柏氏弟子也，而其说常与柏反对。故夫师也者，师其合于理也；时或深恶其人，而理之所在，斯不得不师之矣。敌也者，敌其戾于理也；时或深敬其人，而理之所非，斯亦不得不敌之矣。敬爱莫深于父母，而干父之蛊，《大易》称之，斯岂非人道之极则耶？梭、柏、亚三哲之为师弟，其爱情之笃，闻于古今，而其于学也若此。其所以衣钵相传，为希学之正统者，盖有由也。苟不尔，则非梭之所以望于柏，柏之所以望于亚矣。中国不然，守一先生之说，则兢兢焉不敢出入，不敢增损。稍有异议，近焉者则曰背师，远焉者则曰非圣，行将不容于天下矣。以故孔子之后，儒分为八，墨离为三，而未闻有一焉能青于蓝而寒于水者。譬诸家人积聚之业，父有千金产以遗诸子。子如克家，资母取赢，而万焉，而巨万焉，斯乃父之志也；今曰吾保守之而已，则群儿分领千金，其数已微，不再传而为窭人矣。吾中国号称守师说者，既不过得其师之一体，而又不敢有所异同增损；更传于其弟子，所遗者又不过一体之一体，夫其学安得不渐灭也！试观二千年来孔教传授之历史，其所以陵夷衰微日甚一日者，非坐此耶？夫一派之衰微，犹小焉耳；举国学者如是，则一国之学术思想界，奄奄无复生气，可不惧耶？可不惧耶？

（乙）与印度学派比较（阙）

欲比较印度学派，不可不先别著论，略述印度学术思想之变迁。今兹未能，愿以异日，故此段暂付阙如。　　著者附识

---

① 见《日知录》卷十三《周末风俗》。"战国"原作"此"，"凡百"原作"凡一百"，"言及"与"始皇"后原均有"之"字，"尽矣"前原无"已"字。

② "学者"原作"天下"。

③ "奏闻"原作"奏同"。

④ "秦"原作"是时"。

⑤ "并世"前原有"大"字，"之一"原作"居其一分"，"外"与"焉"之间原有"天地之际"四字。

⑥ "而"字原无。

⑦ 首句原作"吾治生产"。

⑧ "芈"原误作"芊"。

⑨ 原作"四十二篇"。

⑩ 原作"十六篇"。

⑪ "公梼生"原误作"公孙梼"。

⑫ "在南公前"原作"先南公"。

⑬ "平原君"下原有"赵胜"二字。

⑭ "芈"原误作"芊"。

⑮ "而"原作"为"。

⑯ "i"原作"t",据《饮冰室合集》校改。

⑰ 原文误作"Antisthune",据《中国学术思想变迁史》校改。

⑱ "知"与"欲义"之间原有"天之"二字。

⑲ 原作"徒",据《饮冰室合集》校改。

第四章　儒学统一时代

　　泰西之政治，常随学术思想为转移；中国之学术思想，常随政治为转移，此不可谓非学界之一缺点也。是故政界各国并立，则学界亦各派并立；政界共主一统，则学界亦宗师一统。当战国之末，虽有标新领异如锦如荼之学派，不数十年，摧灭以尽；岿然独存者，惟一儒术。而学术思想进步之迹，亦自兹凝滞矣。夫进化之与竞争相缘者也，竞争绝则进化亦将与之俱绝。中国政治之所以不进化，曰惟共主一统故；中国学术所以不进化，曰惟宗师一统故。而其运皆起于秦、汉之交。秦、汉之交，实中国数千年一大关键也。抑泰西学术，亦何尝不由分而合，由合而分，递衍递嬗？然其凝滞不若中国之甚者，彼其统一之也以自力，此其统一之也以他力。所谓自力者何？学者各出其所见，互相辩诘，互相折衷，竞

争淘汰,优胜劣败。其最合于真理、最适于民用者,则相率而从
之。衷于至当,异论自熄。泰西近日学界所谓"定义"、"公例"者,
皆自此来也。所谓他力者何?有居上位、握权力者,从其所好,而
提倡之,而左右之。有所奖厉于此,则有所窒抑于彼,其出入者谓
之邪说异端,谓之非圣无法。风行草偃,民遂移风。泰西中古时
代之景教,及吾中国数千年之孔学,皆自此来也。由前之道,则学
必日进;由后之道,则学必日退。征诸前事,有明验矣。故儒学统
一者,非中国学界之幸,而实中国学界之大不幸也。今请先语其
原因,次叙其历史,次条其派别,次论其结果。

第一节 其原因

儒学统一云者,他学销沉之义也。一兴一亡之间,其原因至
赜至杂。约而论之,则有六端:

天下大乱,兵甲满地,学者之日月,皆销蚀于忧皇扰攘之中,
无复余裕以从事学业。而霸者复肆其残忍凶悍之手段,草薙而禽
狝之。苟非有过人之精神毅力,则不能抱持其所学,以立于此梦
乱暗黑之世界。故经周末兼并之祸,重以秦皇焚坑一役,而前此
之道术,若风扫落叶,空卷残云,实诸学摧残之总原因,儒学与他
学共之者也。此其一。

破坏不可以久也，故受之以建设。而其所最不幸者，则建设之主动力，非由学者而由帝王也。帝王既私天下，则其所以保之者，莫亟于靖人心。事杂言庞，各是所是而非所非，此人心所以滋动也。于是乎靖之之术，莫若取学术思想而一之。故凡专制之世，必禁言论、思想之自由。秦、汉之交，为中国专制政体发达完备时代；然则其建设之者，不惟其分而惟其合，不喜其并立而喜其一尊，势使然也。此其二。

既贵一尊矣，然当时百家，莫不自思以易天下，何为不一于他而独一于孔？是亦有故。周末大家，足与孔并者，无逾老、墨。然墨氏主平等，大不利于专制；老氏主放任，亦不利于干涉：与霸者所持之术，固已异矣。惟孔学则严等差，贵秩序，而措而施之者，归结于君权；虽有大同之义，太平之制，而密勿微言，闻者盖寡；其所以干七十二君，授三千弟子者，大率上天下泽之大义，扶阳抑阴之庸言，于帝王驭民，最为适合，故霸者窃取而利用之以宰制天下。汉高在马上，取儒冠以资溲溺；及既定大业，则适鲁而以太牢祀矣。盖前此则孔学可以为之阻力，后此则孔学可以为之奥援也。此其三。

然则法家之言，其利于霸者更甚，何为而不用之？曰：法家之为利也显而骤，其流弊多；儒家之为利也隐而长，其流弊少。夫半开之民之易欺也,朝四暮三则众狙喜,且笞且饴则群儿服。故宋修《太平御览》以毂英雄,清开博学鸿词以戢反侧,盖逆取顺守,道莫良于此矣。孔学说忠孝,道中庸,与民言服从,与君言仁政,其道可久,其法易行;非如法家之有术易以兴、无术易以亡也。然则孔学所以独行,所谓教竞君择,适者生存,亦天演学公例所不可逃也。此其四。

以上诸端,皆由他动力者也。至其由自动力者,则亦有焉。盈虚消长,万物之公例也。以故极盛之余,每难为继。彼希腊学术,经亚里士多德后而渐衰;近世哲理,经康德后而稍微。此亦人事之无如何者矣。九流既苗,精华尽吐;再世以后,民族之思想力既倦,震于前此诸大师之学说,以为不复可加,不复可几及,故有因袭,无创作,有传受,无扩充,势使然矣。然诸家道术,大率皆得一察焉以自好,承于前者既希,其传于后也亦自不广。孔学则祖述尧、舜,宪章文、武,在先师虽有改制法后之精神,在后学可以抱残守缺为尽责。是故无赴汤蹈火之实力,则不能传墨学;无幽玄微妙之智慧,不足以传老学。至于儒术,则言训诂者可以自附焉,言校勘者可以自附焉,言典章制度者可以自附焉,言心性理气者可以自附焉。其取途也甚宽,而所待于创作力也甚少,所以诸统中绝,而惟此为昌也。此其五。

抑诸子之立教也，皆自欲以笔舌之力，开辟涂径，未尝有借助于时君之心。如墨学主于锄强扶弱，势力愈盛者，则其仇之愈至；老学则刍狗万物，轻世肆志，往往玩弄王侯，以鸣得意。然则彼其学，非直霸者不取之，抑先自绝也。孔学不然，以用世为目的，以格君为手段。故孔子及身，周游列国，高足弟子，友交诸侯；为东周而必思用我，行仁术而必藉王齐。盖儒学者，实与帝王相依附而不可离者也。故陈涉起而孔鲋往，刘季兴而叔孙从，恭顺有加，强聒不舍，捷足先得，谁曰不宜？此其六。

第二节　其历史

具彼六因，儒学所以视他学占优胜者，其故可知矣。虽然，其发达亦非一朝一夕之故。请略叙之。

（一）萌芽时代　当孔子之在世，其学未见重于时君也。及魏文侯，受经子夏，继以段干木、田子方，于是儒教始大于西河。文侯初置博士官，实为以国力推行孔学之始，儒教第一功臣，舍斯人无属矣。其次者为秦始皇。始皇焚坑之虐，后人以为敌孔教，实非然也。始皇所焚者，不过民间之书，百家之语；所坑者，不过咸阳诸生侯生、卢生等四十余人，未尝与儒教全体为仇也。岂惟不仇，且自私而自尊之。其焚书之令云：有欲学者，以吏为师。

非禁民之学也,禁其于国立学校之外,有所私业而已。所谓吏者何?则博士是也。秦承魏制,置博士官,伏生、叔孙通、张苍,史皆称其故秦博士。盖始皇一天下,用李斯之策,固已知辨上下、定民志之道,莫善于儒教矣。然则学术统一与政治统一,同在一时,秦皇亦儒教之第二功臣也。汉高蚤年最恶儒,有儒冠者辄溲溺之,其吐弃也至矣。而郦食其、叔孙通、陆贾等,深自贬抑,包羞忍垢以从之。及天下既定,诸将争夺喧哗,引为深患。叔孙通乃缘附古制,为草朝仪,导之使知皇帝之贵,然后信孔学之真有利于人主。陆贾献《新语》,益知马上之不可以治天下。于是过鲁以太牢祠孔子,喟然兴学,以贻后昆。汉高实儒教之第三功臣也。

(二)交战时代　虽然,天下事非一蹴可几者。当汉之初,儒教以外,诸学派其焰未衰。墨也,老也,法也,皆当时与孔学争衡者也。其在墨家,游侠一派独盛,朱家、郭解之流,为一时士夫所崇拜。太史公曰:"儒以文乱法,而侠以武犯禁。"儒谓孔也,侠谓墨也。盖孔、墨两派,在当时社会,势力殆相埒焉。秦汉时人常以仲尼、墨翟并称,或以儒墨、儒侠并称。南海先生所著《孔子改制考》尝汇钞之,得百余条。其在道家,则汉初之时,殆夺孔席。盖公之教曹参,史称曹参为齐悼惠王相,召诸儒百数,问安集百姓之道,言人人殊,莫知所从。闻胶西有盖公者,善黄、老言,请见之。盖公为言治道清静,则民自定。曹参大悦,师之。后相汉,日饮醇酒,与民休息,皆得力于道家言也。黄生之事窦后,《汉书·外戚传》云:"太后好黄帝、老子言。景帝及诸窦不得不读《老子》,尊其术。"按:窦后为文帝后,文帝即位之年即册立,而崩于武帝建元六年。此四十五年间,势倾外廷,天子、宰相莫敢逆。登高而呼,故道家言披靡朝野。史称老徒黄生与儒徒辕固生尝辨难于帝前。窦后怒,使辕固入圈刺豕,欲杀之。其束缚言论自由,可见一斑矣。此倡之自上者也;淮南王之著《鸿烈》解,高诱注《淮南子》云:天下方术之士多归淮南,于是苏飞、李尚、左吴、田由、雷被、毛被、伍被、晋昌①等八人,及诸儒大山、小山之徒,讲论道德,总统仁义,以著此书。其旨近于《老子》,淡泊无为,蹈虚守静云云。司马谈之《论六家要指》,《史记·太史公自序》,列其父谈所论六家要指,谓儒、墨、阴阳、名、法、道各有所长,而归本于道家。班固讥史公"先黄老而后六经",实则此乃谈之言,非迁之言也。此演之自下者也。故当时儒学虽磅礴郁积于下,而有压之于上者,故未能得志焉。其在法家,则景帝时代,晁错用事,史称错与雒阳宋孟、刘带同学申、商刑名之学于轵县张恢。然则张恢殆当时法家大师也。权倾九卿,法令多所更定。而武帝虽重儒术,实好察察之明,任用桑弘羊辈,欲行李悝、商鞅之术以治天下,故儒、法并立,而相水火于朝廷。《盐铁论》一书,实数千年争辨学术之第一大公案也。《盐铁论》,汉桓宽撰,乃叙述始元六年丞相、御史与所举贤良文学论辨盐铁均输之利害者也。两党各持一见，互相诘难，洋洋十数万言。以视英国议院争爱尔兰自治案、改正选举法案者，其论辨之激烈、持理之坚确，殆有过之无不及，实为中国学界、政界放一大异彩也。由此观之，当儒学将定未定之际，与之争统者凡三家。就中随分为三小时期：第一期，为儒、墨之争。盖承战国"武士道"之余习，四公子孟尝、平原、信陵、春申。之遗风，犹赫赫印人耳目，故重然诺、锄强扶弱之美德，犹为一世所称羡，尚气之士，每不惜触禁网以赴之，而诋儒为柔巽者有焉矣。虽然，其道最不利于霸者，朝廷豪族，日芟而月锄之，文、景以降，殆萎绝矣。第二期，为儒、道之争。道家有君如窦太后、文帝、景帝等。相如曹参、汲黯等。以为之后援，故其势滋盛；而经数百年战争丧乱之后，与民休息，其道术固有适宜于当时之天择者，故气焰骤扬，而诋儒为虚伪繁缛者有焉矣。虽然，帝者之好尚变，而其统之盛衰亦与俱变。第三期，为儒、法之争。儒、法两有利于世主，而法家之利显而近，儒家之利隐而长。景、武之时，急于功名，法语斯起，而诋儒为迂腐不切者有焉矣。然当时儒、法胜负之数，颇不在世主而在两造之自力。盖法家之有力者，不能善用其术，缘操切以致挫败；而儒家养百年来之潜势力，人才济济，颇能不畏强御以伸其主义，故朝、野两途，皆占全胜也。自兹以往，而儒学之基础始定。

（三）确立时代　自魏文侯以后，最有功于儒学者，不得不推汉武帝。然武帝当窦后未殁以前，不能实行所志。彼其第一次崇儒政策，以武帝之雄才大略主持于上，窦婴以太后之亲为丞相，田蚡以帝舅为太尉，赵绾为御史大夫，王臧为郎中令，皆推崇儒术，将迎申公于鲁，设明堂，制礼作乐，文致太平。然太后一怒，绾、臧下吏，婴、蚡罢斥，遂以蹉跌。卒至后崩，蚡复为相，董仲舒对策贤良，请表章六艺，罢黜百家，凡非在六艺之科者绝勿进。自兹以往，儒学之尊严，迥绝百流。遂乃兴学校，置博士，设明经射策之科。公孙弘徒以缘饰经术，起家布衣，封侯策相。二千年来国教之局，乃始定矣。

（四）变相时代　一尊既定，尊经逾笃，每行一事，必求合于六艺之文。哀、平之间，新都得政，因缘外戚，遂觊非常；然必附会经文，始足以箝盈廷之口。求诸古人，惟有周公可以附合，爰使刘歆，制作伪经，随文窜入。力有不足，假借古书。古人削竹为篇，漆书其上，今之一卷，古可专本。其为工也多，故传书甚少；其转徙也艰，故受毁甚易；其为费也不资，故白屋之士不能得书者甚众。以此三者，故图书悉萃秘府。歆既亲典中书，任意抑扬，纵怀改窜，谓此石渠秘籍，非民间有也，人孰不从而信之？即不见信，又孰从而难之？况有君权，潜为驱督，于是鸿都太学，承用其书，奉为太师,视为家法。莒人灭鄫,吕种易嬴,自兹以往,而儒之为儒,又非孔子之旧矣。

(五)极盛时代 虽然,新歆之学,固未能遽以尽易天下也。而东汉百余年间,孔学之全盛,实达于极点。今请列西汉与东汉之比较:(一)西汉有异派之争,而东汉无有也;西汉前半纪三小期之交战时代,不待言矣;即武帝别黑白、定一尊以后,亦尚有如汲黯之治黄老,桑弘羊、张汤之治刑法者。东汉则真绝矣。(二)东汉帝者皆受经讲学,而西汉无有也;明帝亲临辟雍,养三老五更。自章帝以下,史皆称其受经渊源。(三)西汉传经之业,专在学官,而东汉则散诸民间也;凡学权垄断于一处者,学必衰;散布诸民间者,学必盛。泰西古学复兴时代,学权由教会移于平民,遂开近代之治,其明证也。西汉非诣博士不得受业,虽有私授,而其传不广。东汉则讲学之风,盛于一时。史所载如刘昆弟子常五百余人;洼丹徒众数百人;杨伦讲授大泽中,弟子千余人;薛汉教授常数百人;杜抚弟子千余人;曹曾、魏应、宋登、丁恭皆弟子数千人,楼望九千余人;牟长门下著录万余人;蔡玄万六千人。诸如此者,不可枚举。(四)西汉传经,仅凭口说,而东汉则著书极盛也。西汉说经之书,惟有《春秋繁露》《韩诗外传》一二种,其余皆口授而已。东汉则除贾、马、许、郑、服、何诸大家,著述传世人人共见者不计外,其《儒林传》所载,如周防著四十万言,伏恭著二十万言,景鸾著五十万言,其余数万言者，尚指不胜屈。故谓东京儒术之盛，上轶往轨，下绝来尘，非过言也。

第三节　其派别

竞争之例，与天演相终始。外竞既绝，内竞斯起；于群治有然，于学术亦有然。《韩非子·显学》篇，谓孔子卒后，儒分为八。顾汉代儒学虽极盛，而所谓八儒者，则渺不可睹。其条叶跗萼，千差万别，又迥非初开宗时之情状矣。今欲言汉儒之派别，请先言汉以前之派别。

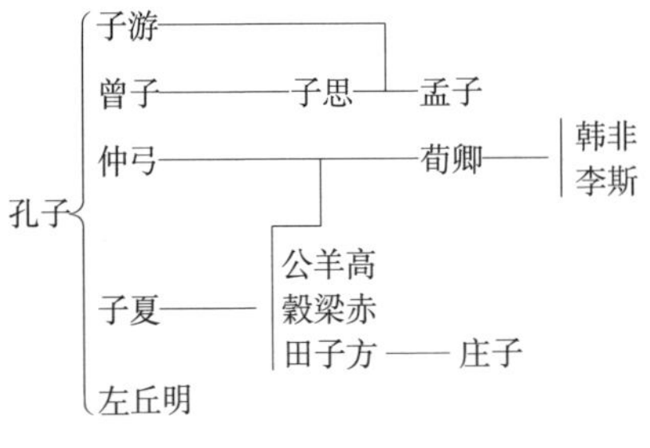

表例说明：一、其流派不光大者不列。　一、列子游于孟子派者，孟子言大同，而大同之说，本于《礼运》，《礼运》为子游所传。《荀子·非十二子》篇攻思、孟条下又云："以为仲尼、子游，为兹厚于后世。"故知孟子之学，出于子游也。　一、列仲弓于荀卿派者，《非十二子》篇以仲尼、子弓并称。《论语》言："雍也可使南面。"正荀子君权之学说所自出也。

　　孔子之学,本有微言、大义两派。微言亦谓之大同,大义亦谓之小康;大同亦谓之太平,小康亦谓之拨乱,谓之升平。拨乱、升平、太平,《春秋》谓之"三世"。三世之中,复各含三世,如太平之拨乱、太平之升平、太平之太平等是也。大义之学,荀卿传之;微言之学,孟子传之。至微言中最上乘,所谓太平之太平者,或颜氏之子其庶几乎,而惜其遗绪之湮没而不见也。庄生本南派巨子,而复北学于中国,含英咀华,所得独深,殆绍颜氏不传之统者哉!然其嗣续固不可以专属于孔氏。然则孔学在战国,则固已仅余孟、荀两家,最为光大。而二派者,孔子之时,便已参商;迨及末流,截然相反。孟子治《春秋》,荀子治《礼》;《春秋》孔子所自作,明改制、致太平之意者也;《礼》孔子所雅言,为寻常人说法者也。孟子道性善,荀子言性恶;两义皆孔子所有。言大同者必言性善,太平世当人人平等也;言小康者必言性恶,拨乱世当以贤治不肖也。故言性善者必言扩充,近于自由主义;言性恶者必言克治,近于督制主义。孟子称尧舜,荀子法后王;尧舜者,大同之代表也,《礼运》所谓"大道之行也,天下为公,选贤与能"等是也;后王者,禹、汤、文、武、成王、周公,小康之代表也,《礼运》所谓"三代之英",所谓"六君子"也,所谓"天下为家,各亲其亲,各子其子,货力为己,大人世及以为礼,……礼义以为纪"等是也。此其大端也。若其小节,更仆难终。孟子既没,公孙丑、万章之徒,不克负荷,其道无传。荀子身虽不见用,而其弟子韩非、李斯等,大显于秦,秦人之政,壹宗非、斯。汉世六经家法,强半为荀子所传;见汪容甫《述学》。而传经诸老师,又多故秦博士。故自汉以后,名虽为昌明孔学,实则所传者,仅荀学一支派而已。此真孔学之大不幸也。汉代学术在荀派以外者,惟《公羊春秋》耳。

汉儒流派繁多,综其大别,可分两种:

(一)说经之儒。

(二)著书之儒。

(一)说经之儒　在昔书籍之流布不易,故欲学者皆凭口说,非师师相传,其学无由,故家法最重焉。今请将各经传授本师,列表如下:

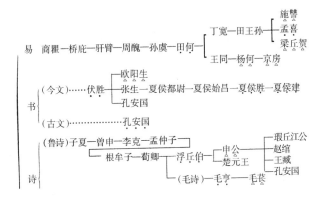

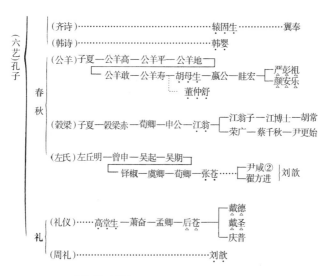

表例说明 一、凡传授不断者，以——为识；传授不明者，以……为识。
一、所表传授人，只据故书，其真伪非著者之责任。　一、每经于汉初第一本师，旁施··为识；立于学官者，旁施△△为识。

由此观之，《鲁诗》、《毛诗》、《穀梁春秋》、《左氏春秋》，皆出自荀卿，传有明文；而伏生、辕固生、张苍，皆故秦博士；《礼经》传授，高堂生之前，虽不可考，然荀卿一书，皆崇礼由礼之言，两戴记又多采荀卿文字，则其必传自荀门，可以推见。若是乎，两汉经术其为荀学者十而七八，昭昭然也。

论两汉经学学派，最当注意者，今古文之争是也。今文传自西汉之初，所谓"十四博士列于学官"者是也；古文兴于西汉之末，新莽篡国、刘歆校书时所晚出者也。今文虽不足以尽孔学，然犹不失为孔学一支流；古文则经乱贼伪师之改窜附托，其与孔子之意背而驰者，往往然矣。古文虽不盛于汉代，然汉末、魏、晋间，马融、郑玄、王肃之徒，大扬其波；逾六朝以及初唐，泐定《五经正义》，皆为古文学独占时代。盖自是而儒者所传习，不惟非孔学之旧，抑又非荀学之旧矣。今将汉代所立于学官者，列其今古文之派为一表：

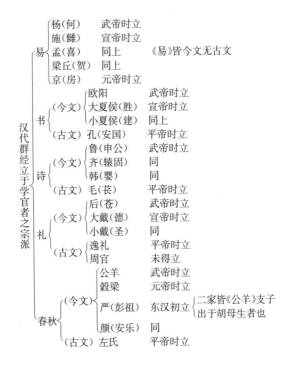

汉代群经立于学官者之宗派				
易		杨（何）	武帝时立	《易》皆今文无古文
		施（雠）	宣帝时立	
		孟（喜）	同上	
		梁丘（贺）	同上	
		京（房）	元帝时立	
书	（今文）	欧阳	武帝时立	
		大夏侯（胜）	宣帝时立	
		小夏侯（建）	同上	
	（古文）	孔（安国）	平帝时立	
诗	（今文）	鲁（申公）	武帝时立	
		齐（辕固）	同	
		韩（婴）	同	
	（古文）	毛（苌）	平帝时立	
礼	（今文）	后（苍）	武帝时立	
		大戴（德）	宣帝时立	
		小戴（圣）	同	
	（古文）	逸礼	平帝时立	
		周官	未得立	
春秋		公羊	武帝时立	
		穀梁	元帝时立	
	（今文）	严（彭祖）	东汉初立	二家皆《公羊》支子出于胡母生者也
		颜（安乐）	同	
	（古文）	左氏	平帝时立	

综而论之，两汉经师，可分四种：（其一）口说家。专务抱残守缺，传与其人，家法谨严，发明颇少。如田何、丁宽、伏生、欧阳生、申公、辕固生、胡母生、江翁、高堂生等其人也。（其二）经世家。衍经术以言政治，所谓"以《禹贡》行水，以《洪范》察变，以《春秋》折狱，以三百五篇当谏书"。如贾谊、董仲舒、龚胜、萧望之、匡衡、刘向等其人也。（其三）灾异家。灾异之说何自起乎？孔子小康之义，势不得不以一国之权托诸君主。而又恐君主之权无限，而暴君益乘以为虐也，于是乎思所以制之。乃于《春秋》特著以元统天、以天统君之义，而群经亦往往三致意焉。其即位也，誓天而治；其崩薨也，称天而谥。是盖孔子所殚思焦虑，计无复之，而不得已出于此途者也。不然，以孔子之圣智，宁不知日蚀、彗见、地震、星孛、鹢退、石陨等，地文之现象，动物之恒情，于人事上、政治上毫无关系也。而断断然视之若甚郑重焉者，毋亦以民权既未能兴，则政府之举动措置，即莫或监督之而匡纠之，使非于无形中有所以相慑，则民贼更何忌惮也？孔子盖深察夫据乱时代之人类，其宗教迷信之念甚强也，故利用之而申警之。若曰："某某者天神震怒之象也，某某者地祇怨恫之征也，其必由人主之失德使然也。是不可不恐惧，是不可不修省。"夫人主者，无论何人，无论何时，夫安能无失德？则虽灾变日起，而无不可以附会。但使稍自爱者,能恐惧一二,修省一二,则生民之祸,其亦可以稍弭。此孔子言灾异之微意也。虽其术虚渺迂远,断不足以收匡正之实效,然用心盖良苦矣。江都最知此义,故其对天人策,三致意焉。汉初大儒之言灾异,大率宗此旨也。及于末流,寝乖本谊,牵合附会,自惑惑人。如《书》则有《洪范五行》,《礼》则有《明堂阴阳》,《易》则京房之象数灾异,《诗》则翼奉之五际六情,齐诗派。至于《春秋》,又益甚焉。训至谶纬之学,支离诞妄,不可穷诘,骎骎竞起,以夺孔席,则两汉学者之罪也。(其四)训诂家。汉初大师之传经也,循其大体玩经文,见《汉书·艺文志》。不为章句训故,举大义而已,见《汉书·儒林传》。故读一经通一经之义,明一义得一义之用。自莽、歆以后,提倡校勘诂释之学;逮东都之末,则贾、马、许、郑,益覃心于笺注,以破碎繁难相夸尚,于是学风又一变。近启有唐陆德明、孔颖达之渊源,远导近今段玉裁、王引之之嚆矢,买椟还珠,去圣愈远。盖两汉经学,虽称极盛,而一乱于灾异,再乱于训诂。灾异乱其义,训诂乱其言,至是益非孔学之旧,而斯道亦稍陵夷衰微矣。

(二)著书之儒　今所传汉代著述,除经注词赋外,其稍成一家言者,有若陆贾之《新语》,贾谊之《新书》,董仲舒之《春秋繁露》,司马迁之《史记》,淮南王安之《淮南子》,桓宽之《盐铁论》,刘向之《说苑》、《新序》，扬雄之《法言》、《太玄》，王充之《论衡》，王符之《潜夫论》，仲长统之《昌言》，许慎之《说文解字》等，四百年中，寥寥数子而已。而《说文》不过字书，于学术思想，全无关系。《盐铁论》专纪一议案，亦非可以列于作者之林。《新语》真赝未定，《新书》割缀所成，未足以概作者之学识。要之汉家一代著述，除《淮南子》外，皆儒家言也。而其有一论之价值者，惟董仲舒、司马迁、刘向、扬雄、王充、王符、仲长统七人而已。江都《繁露》虽以说经为主，然其究天人相与之故，衍微言大义之传，实可为西汉学统之代表。《史记》千古之绝作也，不徒为我国开历史之先声而已。其寄意深远，其托义皆有所独见，而不徇于流俗。本纪之托始尧舜（五帝）也，世家之托始泰伯也，列传之托始伯夷也，皆贵其让国让天下，以诛夫民贼之视国土为一姓产业者也；陈涉而列诸世家也，项羽而列诸本纪也，尊革命之首功，不以成败论人也；孔子而列诸世家也，仲尼弟子而为列传也，尊教统也；《孟荀列传》而包含余子也，著两大师以明群学末流之离合也；老子、韩非同传，明道、法二家之关系也；游侠有传，刺客有传，厉尚武之精神也；龟策有传，日者有传，破宗教之迷信也；货殖有传，明生计学之切于人道也。故太史公诚汉代独一无二之大儒矣。彼其家学渊源，既已深邃，《太史公自序》，称其父谈"学天官于唐都，受《易》于杨何，习道论于黄子"。生于天下之中央，而足迹遍海内。《自序》云："迁生龙门，耕牧河山之阳。……二十而南游江、淮，上会稽，探禹穴，窥九疑，浮于沅、湘，北涉汶、泗，讲业齐、鲁之都……。厄困鄱、薛、彭城，过梁、楚以归。于是仕为郎中，奉使西征巴、蜀以南，南略邛、笮、昆明，还报命。"③盖今日版图，除两广、贵州、福建、甘肃五省外，史公足迹皆遍矣。其于孔子之学，独得力于《春秋》，《自序》称吾闻诸董生曰云云，盖史公于董子，必有渊源矣。《公羊传》屡引子司马子曰云云，吾友仁和夏曾佑，以为必史公也。而南派、北东派、北西派之精华，皆能咀嚼而融化之。又世在史官，承胚胎时代种种旧思想，磅礴郁积，以入于一百三十篇之中，虽谓史公为上古学术思想之集大成可也。刘中垒粹然醇儒，然为当时阴阳五行说所困，不能自拔。《说苑》陈义至浅，殆无足云。扬子云新莽大夫，曲学阿世，著《太玄》以拟《易》，著《法言》以拟《论语》，是足以代表当时学者乏创作力，而惟存模拟性也。王仲任颇思为穷理察变之学，然学识不足以副之，摭其小而遗其大。吾友馀杭章炳麟，以比希腊之烦琐哲学，斯为近矣。节信王符、公理仲长统虽文辞斐然，然止于政论，指摘当时末流之弊而已，于数千年学术思想界中，不足以占一席。若是乎，两汉之以著述鸣者，惟江都、龙门二子，独有心得，为学界放一线光明而已。嗟乎！斯道之衰，一何至是。君子观于此而益叹言论自由、思想自由之不可以已如是其甚也！

其于说经著书之外，足以觇当时文明之迹者，则词赋为最优。而枚乘、司马相如、扬雄、班固等其代表人也。而唐都、洛下闳之历数，张仲景之医方，著《伤寒论》。张衡之技巧，制地动仪。亦有足多者焉。

第四节　其结果

儒学统一之运，既至两汉而极盛，其结果则何如？试举荦荦大者论之。

一曰名节盛而风俗美也。儒学本有名教之目，故砥砺廉隅，崇尚名节，以是为一切公德私德之本。孝武表章六艺，师儒虽盛，而斯义未昌，故新莽居摄，颂德献符者遍天下。光武有鉴于此，故尊崇节义，敦厉名实，以"经明行修"四字，为进退士类之标准。故东汉二百年间，而孔子之所谓"儒行"者，渐渍社会，寖成风俗。至其末造，朝政昏浊，国事日非，而党锢之流，独行之辈，依仁蹈义，舍命不渝，风雨如晦，鸡鸣不已，让爵让产，史不绝书，或千里以急朋友之难，或连轸以犯时主之威。论者谓三代以下，风俗之美，莫尚于东京，非过言也。夫当时所谓"名节"者，其果人人出于真心与否，吾不敢言。虽然，孟德斯鸠不云乎："立君之国，以名誉心为元气。"孔子之政治思想,专就其小康之统言。则正孟德斯鸠所谓"立君政体"也,故其所以维持之者,莫急于尚名。沿至东京,而儒效极矣。《南史》有云:"汉世士务修身,故忠孝成俗。至于乘轩服冕,非此莫由。"顾亭林亦云:"名之所在,上之所庸,而忠信廉洁者,显荣于世;名之所去,上之所摈,而怙侈贪得者,废锢于家。即不无一二矫伪之徒,犹愈于肆然而为利者。"又曰:"虽不能使天下之人以义为利,犹使之以名为利。"①名节者,实东汉儒教一最良之结果也。虽其始或为"以名为利"之一念所驱而非其本相乎;至其寖成风俗,则其欲利之第一性,或且为欲名之第二性所掩夺,而舍利取名者往往然矣。是孔学所以坊民之要具也。

二曰民志定而国小康也。孔子之论政,虽有所谓大同之世,太平之治,其所雅言者,总不出上天下泽,君臣大防。故东汉承其学风,斯旨最畅。范蔚宗之论,以为:"桓、灵之间,君道秕辟,朝纲日陵,国隙屡启。自中智以下,靡不审其崩离。而权强之臣,息其窥盗之谋;豪俊之夫,屈于鄙生之议。"《后汉书·儒林传论》。"所以倾而未颠,抑而未溃,岂非仁人君子心力之为乎?"⑤同,《左雄传论》。诚哉其知言也,儒教之结果使然也。自兹以往,二千余年,以此义为国民教育之中心点。宋贤大扬其波,基础益定。凡缙绅士流,束身自好者,莫不兢兢焉。义理既入于人心,自能消其枭雄跋扈之气,束缚于名教以就范围。若汉之诸葛,唐之汾阳,近世之曾、左,皆食其赐者也。夫共和之治,既未可骤几,则与其乱臣贼子,继踵方轨,以暴易暴,诚不如戢其戾气,进之恭顺,而国本可以不屡摇,生民可以不涂炭。两汉以后所以弑逆之祸稍杀于春秋,而权臣日少一日者,儒教治标之功,不可诬也。

此其结果之良者也。若其不良者则亦有焉。

三曰民权狭而政本不立也。儒教之政治思想,有自相矛盾者一事,则君、民权限不分明是也。大抵先秦政论,有反对极端之两派:曰法家,曰道家。而儒实执其中。法家主干涉,道家主放任。惟干涉也,故君与民为强制之关系;惟放任也,故君与民为合意之关系。即近于契约之关系。惟强制关系也,故重等差;惟合意关系也,故贵平等。惟等差也,故压制暴威;惟平等也,故自由自治。此两者虽皆非政治之正轨,要之首尾相应,成一家言者也。儒家则不然。其施政手段,则干涉也;保民、牧民,皆干涉政策之极轨也。其君臣名分,则强制也;所谓"君臣之义,无所逃于天地之间"。其社会秩序,则等差也;《中庸》"亲亲之杀,尊贤之等,礼所生也"。惟其政治之目的,则以压制暴威为大戒。夫以压制暴威为大戒,岂非仁人君子之极则耶? 而无如不揣其本而齐其末,道固未有能致者也。儒教之所最缺点者,在专为君说法,而不为民说法。其为君说法奈何？若曰：汝宜行仁政也，汝宜恤民隐也，汝宜顺民之所好恶也，汝宜采民之舆论以施庶政也。是固然也。若有君于此，而不行仁政，不恤民隐，不顺民之所好恶，不采民之舆论，则当由何道以使之不得不如是乎？此儒教所未明答之问题也。夫有权之人之好滥用其权也，犹虎狼之嗜人肉也。向虎狼谆谆说法，而劝其勿食人，此必不可得之数也。谓余不信，则试观二千年来，孔教极盛于中国，而历代君主，能服从孔子之明训，以行仁政而事民事者，几何人也？然则其道当若何？曰：不可不箝制之以民权。当其暴威之未行也，则有权以监督之；当其暴威之方行也，则有权以屏除之；当其暴威之既革也，且有权以永绝之。如是然后当权者有所惮、有所缚，而仁政之实乃得行。儒教不然，以犯上作乱为大戒，犹可言也；寖假而要君亦为大不敬矣，犹可言也；寖假而庶人议政，亦为无道矣。儒教亦多非常异义，如汤武革命、顺天应人之象、视民草芥、视君寇仇之义，闻诛一夫、未闻弑君之言，皆所以限制暴威之不二法门也。虽然，争权而必出于革命惨矣伤矣；且革命之后，复无所以限其君权者，前虎退而后狼进，是革之无已时，而国将何以立也！故徒杀一虎杀一狼，不可也，必求所以绝虎狼之迹者；即不能，亦必使虎狼不能食人。由前之说，则共和政体是也；由后之说，则立宪君主政体是也。欲成郅治，舍此何以哉！而惜乎儒者之有所顾忌而不敢昌言也。此所以虽有仁心,而二千年不能蒙其泽也。是何异语人曰:吾已诚虎狼勿噬汝,汝但恭顺俯伏于其侧,虽犯汝而不可校也。虽曰小康时代,民智民力未充实,或有不能遽语于此者乎? 虽然,其立言之偏,流弊之长,则虽加刀于我颈,我固不得为古人讳也。故儒家小康之言,其优于法家者仅一间耳。法家以为君也者有权利无义务,民也者有义务无权利;儒家专指小康。以为君也者有权利有义务,民也者有义务无权利。其言君之有义务也,是其所以为优也。虽然,义务必期于实行;不然,则与无义务等耳。夫其所以能实行者何也? 必赖对待者之权利以监督之。今民之权利,既怵于学说而不敢自有;则君之义务,其何附焉? 此中国数千年政体,所以儒其名而法其实也。吾非崇道家言。道家思想之乖谬而不完全更甚也。故夫东京末叶,鸿都学生、郡国党锢诸君子,膏斧钺、实牢槛而不悔,往车虽折,而来轸益遒。以若此之民德,若此之士气,苟其加以权利思想,知要君之必非罪恶,而争政之实为本权,则中国议会之治,虽兴于彼时可也。徒以一间未达,仅以补衮阙为责任,以清君侧为旗帜,曾不能乘此实力,为百世开治平,以视希腊、罗马之先民,其又安能无愧也? 呜呼! 吾不敢议孔子,吾不能不罪荀卿焉矣。

四曰一尊定而进化沉滞也。进化与竞争相倚,此义近人多能言之矣。盖宇宙之事理，至繁赜也。必使各因其才，尽其优胜劣败之作用，然后能相引以俱上。若有一焉，独占势力，不循天则以强压其他者，则天演之神能息矣。故以政治论，使一政党独握国权，而他政党不许容喙；苟容喙者，加以戮逐，则国政未有能进者也。若是者谓之政治之专制。学说亦然。使一学说独握人人良心之权，而他学说不为社会所容，若是者谓之学说之专制。苟专制矣，无论其学说之不良也；即极良焉，而亦阻学问进步之路。此征诸古今万国之历史而皆然者也。儒教之在中国也，佛教之在印度及亚洲诸国也，耶教之在泰西也，皆曾受其病者也。但泰西则自四百年来，异论蜂起，举前此之缚轭而廓清之，于是乎有哲学与宗教之战，有科学与宗教之战。至于今日，而护耶教者自尊之如帝天，非耶教者自攻之如粪土。要之欧洲今日学术之昌明，为护耶教者之功耶？为攻耶教者之功耶？平心论之，两者皆与有力焉。而赫胥黎、斯宾塞之徒，尤倜乎远矣。而泰东诸国，则至今犹生息于一尊之下，此一切群治，所以瞠乎后也。吾之为此言，读者勿以为吾欲攻孔子以为耶氏先驱也。耶氏专制之毒，视中国殆十倍焉。吾孔子非自欲以其教专制天下也；末流失真，大势趋于如是，孔子不任咎也。若耶则诚以专制排外为独一法门矣。故罗马教会最全盛之时，正泰西历史最黑暗之日。吾岂其于今日，乃欲摭他人吐弃之唾余而引而亲之？但实有见夫吾中国学术思想之衰，实自儒学统一时代始。按之实迹而已然，证之公例而亦合，吾又安敢自枉其说也？吾更为读者赘一言：吾之此论，非攻儒教也，攻一尊也。一尊者，专制之别名也。苟为专制，无论出于谁氏，吾必尽吾力所及以拽倒之。吾自认吾之义务当然耳。若夫孔子，则固云"万物并育而不相害，道并行而不相悖"，孔子之恶一尊也亦甚矣。此乃孔子之所以为大、所以为圣，而吾所顶礼赞叹而不能措者也。

或曰儒教太高尚而不能逮下，亦其结果不良之一端焉。盖当人智未盛之时，祸福迷信之念，在所不免。顾儒教全不及此，使呆愚妇孺，无所依仰，夫以是而不得不出于他途。坐是之故，道家入之，释家入之，驯至衰了凡派所谓太上老君、文昌帝君者纷纷入之，未始非乘儒教之虚隙而进也。虽然，以祸福迷信之说牖民，虽非无利，而利或不胜其敝。吾中国国教之无此物，君子盖以此自喜焉。

---

① 原无"晋昌"，据《饮冰室合集》添加。

② "咸"原误作"威"。

③ "于是"后原有"迁"字。

④ 据顾炎武《日知录》卷十三《名教》原文，"虽"字本无，"犹"上原有"而"字。

⑤ "抑"原作"决"。

第五章　老学时代

　　三国、六朝，为道家言猖披时代，实中国数千年学术思想最衰落之时代也。申而论之，则三国、六朝者，怀疑主义之时代也，厌世主义之时代也，破坏主义之时代也，隐诡主义之时代也，而亦儒、佛两宗过渡之时代也。

　　东汉儒教之盛如彼，乃不数十年间，至魏、晋而其衰落忽如此，何也？吾推原其故，盖有五端：

　　一由训诂学之反动力也。汉季学者，守师说，争门户，所谓"碎义逃难，便辞巧说，……说五字之文，至于二三万言。……幼童而守一艺，白首而不能通"[①]。见《汉书・艺文志》。学问之汩没性灵，至是已极。物极必反，矫枉过直。故降及魏、晋，人心厌倦，有提倡虚无者起，则群率而趋之，举一切思想，投入怀疑破坏之涡中,殆物理恒情,无足怪者。此其一。

一由魏氏之提倡恶俗也。晋泰始元年,傅玄[②]上疏曰:"近者魏武好法术,而天下贵刑名;魏文慕通达,而天下贱守节。"孟德既有冀州,崇奖跅弛之士,下令再三,至于求"负污辱之名,见笑之行,不仁不孝,而有治国用兵之术者"[③]。建安二十二年八月令、十五年春令、十九年十二月令,语意皆同。于是风俗大坏,人心一变。顾亭林所谓"经术之治,节义之防,光武、明、章数世为之而未足;毁方败常之俗,孟德一人变之而有余",诚哉其知言也!儒术之亡,半坐是故。此其二。

一由杀戮过甚人心皇惑也。汉世外戚、宦官之祸,连踵继轨。两汉后妃之家,著闻者四十余氏,大者夷灭,小者放窜,其身家俱全者,不得四五;宦官弄权,杀人如草,一朝为董、袁所袭,亦无孑遗。人人渐觉骨肉之间,皆有刀俎。若乃党锢之祸,俊、顾、厨、及,一网以尽;其学节冠一世,位望至三公者,亦皆骈首阙下,若屠猪羊。天下之人,见权势之不可恃也如彼,道德学问之更不可恃也如此,人心旁皇,罔知所适。故一遁而入于虚无荒诞之域,刍狗万物,良非偶然。此其三。

一由天下大乱民苦有生也。汉末自张角、董卓、李催、郭汜、曹操、袁绍、孙坚、刘备以来,四海鼎沸,原野厌肉,溪谷盈血;继以晋代八王、五胡之乱,中原喋血,一岁数见。学者既无所用,亦困于乱离,无复有余裕以研究纯正切实之学,但觉我生靡乐,天地不仁。厌世之观,自然发生。此其四。

以此四因,加以两汉帝王儒者,崇尚谶纬,迷信休咎,所谓阴阳五行之谬说,久入人心。而权势、道德,既两无可凭,民志皇皇,以为殆有司命之者存,吾祈焉、禳焉、炼养焉、服食焉,或庶可免,于是相率而归之。此其五。

此五者,殆当时学术堕落之最大原因也。故三国、六朝间,老子之教遍天下。但其中亦有派别焉:

一曰玄理派。自魏文提倡旷达,举世化之。前此建安七子,既已以浮靡相尚,后遂为清谈之俗者二三百年。开其宗者,实为何晏、王弼。《晋书·王衍传》,称"晏、弼祖述老、庄,谓天地万物,皆以无为本。无也者,开物成务,无往而不存者也"①。盖其持之有故,言之成理,亦有应于时势,而可以披靡天下者焉。此后如阮籍、嵇康、刘伶、王衍、王戎、乐广、卫玠、阮瞻、郭象、向秀之流,皆以谈玄有大名于时,乃至父兄之劝戒,师友之讲求,莫不以推究老、庄为第一事业。《潘京传》云:京与乐广谈,广深叹之,谓曰:君天才过人,若加以学,必为一代谈宗。京遂勤学不倦。又《王僧虔传》,引其戒子书云:汝未知辅嗣何所道,平叔何所说,而便执麈尾,自称谈士,此最险事。云云。当时六经之中,除《易》理外,尽皆阁束;而诸传中称扬人学问者,皆以"研精《老》、《易》"等语。《老》、《易》并称,实当时之普通名词也。范宁谓王弼、何晏二人之罪,深于桀、纣;卞壶斥王澄、谢鲲,谓悖礼伤教,中朝倾覆,实由于此,非过言也。平心论之,若著政治史,则王、何等伤风败俗之罪,固无可假借;若著学术思想史,则如王弼之于《老》、《易》,郭象、向秀之于《庄》,张湛之于《列》,皆有其所心得之处,成一家言,以视东京末叶咬文嚼字之腐儒,殆或过之焉。老学虽偏激,亦南派一巨子,世界哲学应有之一义,吾虽恶之而不愿为溢恶之言也。但其魔业之影响于群治者,既若彼焉矣。无他,老子既以破坏一切为宗旨,而复以阴险之心术、诡黠之权谋佐之,故老学之毒天下,不在其厌世主义,而在其私利主义。魏、晋崇老,其必至率天下而禽兽,势使然也。此为当时老学正派。

二曰丹鼎派。马贵与曰:"道家之术,杂而多端。……盖清净一说也,炼养一说也,服食又一说也,……经典科教又一说也。……俱欲冒以老氏为之宗主,以行其教。"⑤《文献通考·经籍考》五十二。此实数千年道教流派之大略也。炼养、服食两派,其指归略同,吾樶栝之,名曰丹鼎派。此派盖导源于秦、汉之交。始皇时,侯生、卢生等既倡神仙之说。汉初张良,功成身退,自言从赤松子游。其是否依托,姑弗深考,但留侯必有此等思想,可断言也。汉武迷信封禅,李少君、栾大之徒,相与炫惑,于是炼养、服食之说益盛。至汉末魏伯阳著《参同契》,密勿传授,其焰益播。后蜀彭晓序《参同契》云,谓伯阳先示青州徐从事,徐乃隐名而注之,复以授同郡淳于叔通,遂行于世。至晋葛洪而集其大成。洪著《抱朴子》内、外编各四卷[⑥],《神仙传》十卷,《隐逸传》十卷,其他杂著一百余卷。其言曰:"道者儒之本也,儒者道之末也。"更有所谓《丹经》者,发明服食之诀,其言诡诞,不可穷诘。而后世神仙家之思想,实宗此。此派之说,其在前者,文成、五利之徒,实依托以诳人主而取富贵,固不足道;至如魏、葛辈,所志或不在是。盖怀抱厌世思想,而又不悟解脱真理,知有躯壳,不知有灵魂,徒欲长生久视,游戏尘寰,是野蛮时代宗教思想必有之现象,无足怪者。印度婆罗门外道,每欲速灭其躯壳,以享涅槃之乐;中国神仙家言,每欲长保其躯壳,以享飞升之乐。虽其见地之深浅不同,要之为躯壳所迷缚一也。古埃及人,用木乃伊术,保全尸体,是由重视躯壳所致也。耶教号称重魂,而其言末日审判,死者皆从冢中复生,其为躯壳所迷亦至矣。宗教进化之第一级,莫不如是,神仙家言,又何责焉。此为当时老学第一别派。

三曰符箓派。符箓之视丹鼎,风益下矣。丹鼎派起于汉初,符箓派起于汉末。顺、桓间,宫崇、襄楷,始以于吉神书上于朝。

后张角用其术以乱天下。《后汉书·襄楷传》云:"(楷上书言)臣前上琅邪宫崇所受于吉神书,不合明听。"⑦又云:"初⋯⋯琅邪宫崇诣阙,上其师于吉于曲池泉水上所得神书百七十卷,⋯⋯号《太平清令书》。其言阴阳五行为家,而多巫觋杂语。有司奏崇所上妖妄不经,乃收藏之。后张角颇有其书焉。"⑧云云。是张角之术所自本也。按:于吉神书,即道家所谓《太平经》者,宋中兴史志始著录。马端临《经籍考》亦存其目。于吉后为孙策所杀。顺帝时距孙策据江东,已七十余年矣。同时张道陵亦托此术,密相传授,延至后世,仰为真人,奉为天师。按:《三国志》裴注云:张陵,汉顺帝时人。入蜀居鹤鸣山中造符书,为人治病。陵子衡,衡子鲁,以其法相授,自号师君,其众曰鬼卒,曰祭酒,曰理头。朝廷不能讨,就拜鲁为汉宁太守。此张陵始末,见于传记者也。后寇谦之自言尝遇老子,命继道陵为天师,于是六朝以来,天师之号起。《通考》载唐天宝六载,以后汉天师子孙嗣真教,册赠天师为太师。宋太宗祥符九年,赐信州道士张正随号真静先生,自是凡嗣世者皆赐号。元至元十三年,赐张宗演灵应冲和真人之号,给三品银印。其后屡有加号,晋秩至一品,明太祖时改为二品。沿袭以至于今,几与孔氏之衍圣公、耶氏之教皇等矣,岂不异哉! 自是南北朝士大夫,习五斗米道即张陵教派之名。者,史不绝书,而寇谦之最显于北,《魏书·释老志》云:寇谦之自言遇仙人成公兴授以大法,又遇太上老君,命之继天师张陵之后,处师位,赐以《云中音诵新科之诫》二十卷云云。太上老君及天师等名称,实始于此。其后崔浩师事之,受其法术,言之于元魏世祖,乃遣使奉玉帛牲牢迎致焉。于是崇奉天师,显扬新法,宣布天下,道业大行。每帝即位必受符箓,以为故事。云云。陶弘景最显于南。《梁书》言陶弘景好阴阳五行风角星算,修辟谷导引之法,受道经符箓。武帝素与之游,及禅代之际,弘景取图谶之文献之,恩谊益厚。及即位,犹自上章。朝士受道者众,三吴及边海之际,信之逾甚。陈武世居吴兴,故亦奉焉。盖六艺、九流,一切扫地,而此派独滔滔披靡天下矣。窃尝论之,其时佛教已入震旦,妖妄者流,窃其象教密宗最粗浅之说,以欺惑愚众。故其所言天地沦坏、劫数终尽,略与佛经同;又言天尊之体,常存不灭,往往开劫度人,彼中言天尊开劫,已非一度,有延康、赤明、龙汉、开皇等年号,其间相去四十一亿万载云云,皆窃佛氏过去七佛之说,成、住、坏、空四劫之论也。皆损益四《阿含》、《俱舍论》等所说,剽窃之迹,显然可见;而复取两汉儒者阴阳五行之迷信以缘附之。故吾谓此时为儒、佛过渡时代,此派实其最著者也。此为当时老学第二别派。

四曰占验派。自西京儒者翼奉、眭孟、刘向、匡衡、龚胜之徒,既已盛说五行,夸言谶纬;及光武好之,其流愈邑。东京儒者,张衡、郎𫖮,最称名家;襄楷、蔡邕、杨厚等,亦班班焉。于是所谓风角、遁甲、七政、元气、六日七分、逢占、日者、挺专、须臾、孤虚、云气诸术,诸术名义解,俱见《后汉书·方术列传》注,恕不具引。盛行于时。《后汉书·方术列传》,所载者三十三人,皆此类也。然其术至三国而大显,始俨然有势力于社会。若费长房、于吉、管辂、左慈辈,其尤著者也。其后郭璞著《葬书》,此书《四库》著录,或言依托璞名。注《青囊》,此书今佚。为后世堪舆家之祖,而嵇康亦有《难宅无吉凶论》,则其时风水说之盛行可知。《隋志》著录《珞琭子》一书,六朝人撰。言禄命者以为本经,而临孝恭[9]有《禄命书》,陶弘景有《三命抄》,实后世算命家之祖。卫元嵩著《元包》,庾季才著《灵台秘苑》,皆北周人。为后世言卜筮者之大成。陶弘景著《相经》,为后世言相法者之祖。凡千年以来诬罔怪诞之说,汩溺人心者,皆以彼时确然成一科学。虽谓为魏、晋、六朝间,为陷溺社会之罪恶府可也。此为当时老学第三别派。

要而论之,当时实道家言独占之时代也。其文学亦彪炳可观,而发挥厌世精神亦最盛。所谓"对酒当歌,人生几何?譬如朝露,去日苦多"等语,其代表也。此皆老子"刍狗万物"、杨朱"奚遑死后"之意也。虽我国二千年文学,大率皆此等音响;而魏、晋、六朝,为尤甚焉。曾无雄奇进取之气,惟余靡靡颓惰之音,老、杨之毒焰使然也。

其时治经学者,虽有若王肃、杜预、虞翻、刘焯、刘炫、徐遵明之流，然曾不能于东京学风外，有所建树，徒咬文嚼字，破碎逾甚。《北史·儒林传》，谓"南学简约，得其精华；北学深芜，穷其枝叶"⑩。两派之概象虽不同，要其于数千年儒学史，无甚关系一也。虽谓其时为儒学最销沉之时代可也。

佛学虽自汉明以后已入中国，苻秦崇法，广事翻译，宗风渐衍，然谓之为佛学萌芽时代则可，竟谓之为佛学时代则不可。盖当时之治佛学者徒诵读经文，皈依仪式，而于诸乘理法曾无所心得也。

老学之毒，虽不止魏、晋、六朝，即自唐以后至今日，其风犹未息；虽然，远不如彼时之盛矣，其派别之多，亦远有所逊。故划分数千年学术思想史，而名彼时为老学时代，殆无以易也。

---

① "不能通"原作"后能言"。

② "玄"原写作"元"。

③ "不仁"前原有"或"字，"者"字原无。

④ 首句原作"何晏、王弼等祖述老、庄"，"谓"原作"立论以为"，"而"字原无。

⑤ "以行"原作"而行"。

⑥ 《抱朴子》内篇为二十卷，外篇为五十卷（据葛洪《抱朴子外篇自叙》）。

⑦ "所受"之"所"字原无。

⑧ "曲池"原作"曲阳","清令"原作"清领","其言"后原有"以"字。

⑨ "恭"原误作"公"。

⑩ "南学"句原作"南人约简","精华"原作"英华"。

第六章　佛学时代

第一节　发　端

吾昔尝论六朝、隋、唐之间，为中国学术思想最衰时代。虽然，此不过就儒家一方面言之耳。当时儒家者流，除文学外，儒学与文学适成反比例。著《中国儒学史》，当以六朝、唐为最衰时代；著《中国文学史》，当以六朝、唐为全盛时代。一无所事。其最铮铮于学界者，如王通、陆德明、孔颖达、韩愈之流，其于学术史中，虽谓无一毫之价值焉可也。虽然，学固不可以儒教为限。当时于儒家之外，有放万丈光焰于历史上者焉，则佛教是已。六朝、三唐数百年中，志高行洁、学渊识拔之士，悉相率而入于佛教之范围。此有所盈，则彼有所绌，物莫两大，儒教之衰亦宜。

或曰佛学外学也，非吾国固有之学也，以入诸中国学术思想史，毋乃不可？答之曰：不然。凡学术苟能发挥之、光大之、实行之者，则此学即为其人之所自有。如吾游学于他乡，而于所学者，既能贯通，既能领受，亲切有味，食而俱化，而谓此学仍彼之学而非我之学焉，不得也。一人如是，一国亦然。如必以本国固有之学而始为学也，则如北欧诸国，未尝有固有之文明，惟取诸希腊罗马、取诸犹太者，则彼之学术史，其终不可成立矣；又如日本，未尝有固有之文明，惟取诸我国、取诸欧西者，则彼之学术史，其更不可成立矣。故论学术者，惟当以其学之可以代表当时一国之思想者为断，而不必以其学之是否本出于我为断。

审如是也，则虽谓隋、唐之交，为先秦以后学术思想最盛时代可也。前乎此者，两汉之经学，非所及也，而余更无论也；后乎此者，宋、明之理学，非所及也，而余更无论也。又不惟在中国为然耳，以其并时举世界之学术思想界校之：印度自大乘教诸巨子入灭后，继法无人，其继法者悉在中国。日以萎微；欧洲则中世史号称黑暗时代，自罗马灭亡以后，全欧为北狄所蹂躏，几陷于无历史之域，当时所赖以延文明绝续于一线者，惟恃一顽旧专制之天主教而已。印度、欧洲如此，而余更无论也。故谓隋、唐之学术思想，为并时举世界独一无二之光荣可也。纵说之则如彼，横说之则如此，故隋、唐学者，其在本论中占一重要之位置也不亦宜乎！

第二节 佛学渐次发达之历史

中国之受外学也，与日本异。日本小国也，且无其所固有之学，故有自他界入之者，则其趋如骛，其变如响，不转瞬而全国与之俱化矣。虽然，充其量不过能似人而已，实亦不能真似。终不能于所受者之外，而自有所增益，自有所创造。中国不然。中国大国也，而有数千年相传固有之学，壁垒严整，故他界之思想，入之不易；虽入矣，而阅数十百年，常不足以动其毫发。譬犹泼墨于水，其水而为径尺之盂，方丈之池也，则黑痕倏忽而遍矣；其在滔滔之江、泱泱之海，则宁易得而染之？虽然，吾中国不受外学则已，苟既受之，则必能尽吸其所长以自营养，而且变其质、神其用，别造成一种我国之新文明，青青于蓝，冰寒于水。於戏！深山大泽，实生蛟龙，龙伯大人之脚趾，遂终非僬侥国小丈夫之项背所能望也。谓余不信，请征诸佛学。

佛法之入震旦也，据别史所言，或谓秦时与宝利防等交通[①]，西汉时从匈奴得金人，实为我国知有佛之嚆矢。真伪第弗深考，其见于正史信而有据者，则东汉明帝永平十年西印度之摄摩[②]、竺法兰两师，应诏赍经典而至，于是佛之教义始东被。虽然，我民族宗教迷信之念甚薄，莫之受也。至桓帝始自信之；兴平间，民间亦渐有信者。三国时代，支谶③、支亮、支谦皆自印度来传教，时号"三支"。魏嘉平二年，昙摩诃罗始以戒律来，象教渐备。虽然，当时道家言极盛，全国为所掩袭，莫能夺也。而亦有渐认佛教势力之不可侮，起而与之为难者。魏明帝时有费叔才④、褚善信二道士，著《道佛优劣论》，有牟子作《理惑论》，而吴主孙皓亦有废佛教之议。必其既兴，始有辨之、有废之者矣。及晋代魏，始渐成为一科学之面目。时则有佛图澄者，来自西域，专事译经。东晋以还，伟人辈出，若道安，若慧远⑤，若竺道潜，若法显，其尤著也。道安与习凿齿等游，专阐扬佛教于士大夫之间。慧远开庐山，日夜说法，佛教讲坛，实始于此，为净土宗之滥觞焉。法显横雪山以入天竺，赍佛典多种以归，著《佛国记》，我国人之至印度者，此为第一。法显三藏者，不徒佛教界之功臣而已，抑亦我国之立温斯敦也。立温斯敦，英人之探险于非洲者。而同时北方一大师起，为佛教史中开一新纪元，曰鸠摩罗什。罗什，龟兹国人，既精法理，且娴汉语。以姚秦弘始三年始入长安，日夜从事翻译，一切经论，成于其手者，不知凡几。门徒三千，达者七十，上足四人，道生、道融、僧肇、僧叡，其最显者也。罗什之功德不一，而其最大者，为传大乘教。前此诸僧，用力虽勤，然所讨论，仅在小乘耳。至罗什首传三论宗宗义，译《法华经》，又译《成实论》，实为成实宗入中国之始。自兹以往，佛驮跋陀罗译《华严》，昙无谶译

《涅槃》,而甚深微妙之义,始逐渐输入,学界壁垒一新矣。

南北朝之际,海宇鼎沸,群雄四起,而佛教之进路亦多岐。宋少帝时译《五分律》,文帝时译《观普贤经》、《观无量寿经》、《璎珞经》等,又迎求那跋摩于罽宾,筑戒坛以听法。中国之有戒坛自兹始。历陈涉隋,以逮初唐,诸宗并起,菩提流支始倡地论宗,达摩始倡禅宗,真谛三藏始倡摄论宗及俱舍宗,智者大师始倡天台法华宗,南山律师始倡律宗,善导大师始倡净土宗,慈恩三藏始倡法相宗,贤首国师始倡华严宗,善无畏三藏始倡真言宗。万马齐奔,百流汹汇,至是遂为佛学全盛时代。

第三节　诸宗略纪

今请将六朝、隋、唐间有力之诸宗派,列为一表,示其系统:

宗　名	开　祖	印度远祖	初起时	中盛时	后衰时
成实宗	鸠摩罗什	诃梨跋摩	晋安帝时	六朝间	中唐以后
三论宗	嘉祥大师	龙树、提婆	同上	同上	同上
涅槃宗	昙无谶	世亲	同上	宋、齐	陈以后归入天台
律　宗	南山律师	昙无德	梁武帝时	唐太宗时	元以后
地论宗	光统律师	世亲	同上	梁、陈间	唐以后归华严

续　表

宗　名	开　祖	印度远祖	初起时	中盛时	后衰时
净土宗	善导大师	马鸣、龙树、世亲	同上	唐、宋、明时	明末以后
禅　宗	达摩大师	马鸣、龙树、提婆、世亲	同上	同上	同上
俱舍宗	真谛三藏	世亲	陈文帝时	中唐	晚唐以后
摄论宗	同上	无著、世亲	同上	陈、隋间	唐以后归法相
天台宗	智者大师	……	陈、隋间	隋、唐间	晚唐以后
华严宗	杜顺大师	马鸣、坚慧、龙树	陈	唐则天后	同上
法相宗	慈恩大师	无著、世亲	唐太宗时	中唐	同上
真言宗	不空三藏	龙树、龙智	唐玄宗时	同上	同上

以上十三宗,除涅槃、地论、摄论三家,归并他宗外,自余十宗,皆经过极光大之时代,互起角立,支配数百年间之思想界者也。今按其所属教乘,再示一表:

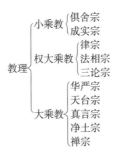

诸宗之教旨,若缕述之,虽数十万言,犹不能殚;且亦非余之浅学所能及也,是以不论。论其历史。本论原以中国为主,不能他及。但各宗起原,多与印度有关系,故不得不追论及之。

（一）俱舍宗　佛灭后九百年,世亲菩萨,依四《阿含经》《增一阿含经》五十一卷,《中阿含经》六十卷,《长阿含经》二十二卷,《杂阿含经》五十卷,皆小乘经也。造《俱舍论》三十卷,实为本宗之嚆矢。时印度自佛家乃至外道,莫不竞学,大显势力于西域。及陈文帝天嘉四年,印度高僧波罗末那⑥即真谛三藏。携梵本以诣震旦,以五年之功译成之,名曰《阿毗达磨俱舍论》⑦,即所谓"旧俱舍"者是也。陈智颛、唐净慧皆为作疏。及唐贞观间,玄奘法师亲赴天竺,从僧伽耶舍论师学俱舍之奥义,归国后重译原本,厘为三十卷。其弟子神泰⑧、普光、法宝尊,竞为疏记,遂以流通。但此宗本为法相之初步,故亦名法相宗之附属宗云。

（二）成实宗　本宗之祖师,即《成实论》之诃梨跋摩其人也。生于佛灭后九百年,尝从"有宗"本师受迦旃延之论,时印度佛派,有"有宗"、"空宗"两大派。觉有所未慊,乃通览大、小乘,自创此论。然其宗义不盛于印度。至姚秦弘始十三年,鸠摩罗什始译之以行于支那。其弟子昙影为之笔述,僧叡为之注释,于是此义遂光。自晋末至唐初二百年间,浸淫一世。齐、梁之间,江南尤盛云。但此论本与"三论"并译,其传法者率皆两习,故亦名三论宗之附属宗云。

(三)律宗　自佛入灭后,迦叶尊者与五百罗汉结集大藏,分为经、律、论之三藏。律之在教中,蔚为大国矣。其入中国也,始于曹魏嘉平二年,昙摩诃罗始传所谓"十八受"者。刘宋元嘉十一年,始行"尼受"。谓比丘尼所受戒律。迨姚秦弘始六年,鸠摩罗什始译《十诵律》。其后《僧祇律》等,相继出世,律教渐入震旦矣。其卓然完成一宗者,则自南山律师道宣始。南山生隋开皇间,受戒于智首律师之门,后隐于终南,研精戒律。及奘师西游归国,开译坛于长安,南山亲为其书记,译律数百卷,证明戒律为圆顿一乘之旨,非小乘所得专有。其有功于佛教,实非浅鲜。其时与之并起者,复有两派:一曰相部宗,法砺律师所创;二曰东塔宗,怀素律师所创。并南山宗统称律家三宗云。然彼两宗不光大,独南山律,至元代犹保持宗势不衰。

(四)法相宗　法相、天台、华严三宗,亦称教下三家,皆大乘妙谛,而当时佛学中最光大者也。此宗一名唯识宗,以大意明唯识故;又名慈恩宗,以开祖为慈恩故。本宗印度传法,最为分明。佛说大乘经中,《华严》、《深密》、《楞伽经》等,阐扬"万法唯识"之义,实为斯学所本。佛灭后九百年,弥勒慈尊应无著菩萨之请,说五部大论,所谓《瑜伽师地论》、《分别瑜伽论》、《大庄严论》、《辨中边论》、《金刚般若论》是也。无著承弥勒之旨,复造《显扬论》、《对法论》等,同时有世亲菩萨,无著之弟。造《五蕴论》、《百法明门论》、《唯识三十颂》等,大弘斯旨。复次佛灭后十一世纪,有难陀、护法尊十大论师,皆注世亲《三十颂》,各有心得。而护法之弟子戒贤论师,所谓"传法大将",冠绝一时,深究瑜伽、唯识、声明、因明等之蕴奥,在五印度中,号称辩才第一。传钵奘师,以惠震旦。自兹以往,西域此学微矣。唐贞观三年,玄奘三藏求法西行,坊间小说《西游记》,即演奘师事迹也。子身遍历五印,得礼戒贤,尽受五大论、即弥勒所造。十支论,即无著以下所造。博通因明、声明诸学。印度当时有所谓"五明"者,佛徒、外道并学之。其因明即名学,日本所谓"论理学"也。归国以后,弘扬斯旨,实为法相宗入中国之嚆矢。玄奘高足窥基,号慈恩法师,悉受微言,妙达玄旨,于是述疏证义,确立宗规。本宗大成,实由于是。再传为淄州慧沼[⑨],著《唯识了义灯》;三传为朴扬智周,著《唯识演秘》。经此数师,宗义遂日以光大。

（五）三论宗　三论者,（一）《中论》,（二）《十二门论》,（三）《百论》也。前二为龙树菩萨造,后一为提婆菩萨造,故本宗祖龙树、提婆。或加《大智度论》,亦名四论宗。鸠摩罗什实提婆三传弟子也,传法东来,专弘此宗,四论翻译,皆出其手。什师门下,生道生、肇僧肇、融道融、叡僧叡、影昙影、观慧观、恒道恒、济昙济之八杰,皆受大义。昙济授道朗,道朗授道诠,道诠授法朗,法朗授嘉祥,至嘉祥大师名吉藏。而此宗全盛。其后玄奘复从印度清辨、智光两大师,更受微言;复有地婆伽罗者东来,口授宗义于慈恩。慈恩远承什译,近禀奘传,旁参伽说,著《十二门宗致义记》[10],而此宗遂以大成。

(六)华严宗　我佛世尊,从菩提树下起,即为深位菩萨文殊、普贤尊说《华严》三十八品十万偈,实佛乘中甚深微妙,一乘最极之法门也。当时声闻、缘觉,根器未熟者,听之如聋如哑。佛灭五百年,马鸣菩萨作《大乘起信论》,演真如缘起法门,即本此经。次七百年,龙树菩萨出现,造《大不思议论》以解释之。次九百年,天亲菩萨造《华严十地论》。此三师者,称本宗印度之列祖。其在支那,东晋义熙十四年,跋陀罗始译《华严》六十卷。其后诸师,讲说流布、制疏撰章者虽不鲜,然未能确然成一宗派。陈、隋间,杜顺禅师始提义纲,标立宗名,著《华严法界观门》、《五教止观》、《十玄章》等,大畅妙旨,是为开宗初祖。二祖智俨,作《搜玄记》、《孔目章》等;三祖法藏,称贤首国师,作《五教章》,以明本宗之教相,作《探玄记》二十卷,以解华严,其余著述,尚二十余部。圆宗宗风，至此大成，故贤首亦称华严太祖。贤首没后，有慧苑者，私逞臆见，刊落师说，宗统将坠。四祖澄观慨之，作《华严大疏钞》，破斥异辙，恢复正宗，诸祖心传，赖以不坠，所谓"清凉国师"是也。五祖宗密，称圭峰禅师，绍述清凉，盛弘华严，兼通诸宗，斯道益以光大。此五杰者所谓"华严五祖"也。

（七）天台宗　亦名法华宗，以依《法华经》立宗故。此宗不上承印度，创始之者实由我支那，则智者大师其人也。师名智颛，陈、隋间人，以居天台山，故此宗得名。时有南岳慧思禅师，德高一世，自证三昧。智者往谒之，则曰：昔日灵山，同听《法华》，宿缘所追，今复来矣。乃使修《法华》三昧，越十四日，智者大彻大悟，遂直接佛传，创立此派。荆溪尊者智者第六代法孙也。《止观义例》云："一家教门，……所用义旨，以《法华》为宗骨，以《智论》按：指《大智度论》也。为指南，以《大经》按：指《涅槃经》也。为扶疏，以《大品》按：指《大品般若经》也。为观法；引诸经以增信，引诸论以助成；观心为经，诸法为纬，织成部帙，不与他同。"云云。本宗创立之真相，实括于是。次有章安大师，承天台后，广传宗风。天台惟散说，章安始结集，以成一宗典籍，以作一家纲目。次有智威、慧威、玄朗、妙乐，并称龙象。中唐以后，荆溪尊者湛然最显焉。

（八）真言宗　佛教有显、密二教之别，此宗所谓密教也。密教者何？不恃言语以立教者也。据佛家言，佛有三身：（一）释迦佛，（二）大日如来佛，（三）弥陀佛，实一佛之德所流出之三体也。按：略如耶教三位一体之说。大日者，释迦之法身；释迦者，大日之化身也。故后世学者综别诸宗，亦分为释迦教、大日教、弥陀教三类。今所举十宗，惟真言宗属大日教，净土宗属弥陀教，今妇孺通念"南无阿弥陀佛"，即宗弥陀教也。余八宗皆属释迦教。相传金刚萨埵亲受法门于大日如来，如来灭后七百年，萨埵以授龙猛菩萨，龙猛授龙智，龙智授善无畏。善无畏始来唐，翻《大日经》，以授金刚智。金刚智实支那传法初祖也。其后不空和尚东来，承金刚智之后，复从事翻译，为玄宗、肃宗、代宗三代国师。真言宗之确立，实自不空始。虽然，此宗不盛于我国。后经空海即创造日本字母之人。传诸日本，日本今特盛焉。西藏、蒙古、暹罗亦行之。

（九）净土宗　此宗所依者，三经《无量寿经》、《观无量寿经》、《阿弥陀经》。一论，《往生净土论》，天亲菩萨造。以念佛藉他力而求解脱，所谓"弥陀教"也。印度先师，推天亲菩萨。天亲入灭后五百年，菩提流支始传净土法门于震旦。先是后汉时安息国沙门安清高始译《无量寿经》二卷[1]，及晋慧远法师，结白莲社于庐山，念佛修行，已为此宗之嚆矢，然法门未备。菩提流支之入中国，实北魏永平元年也。流支以授昙鸾，鸾著《往生净土论注》，大弘斯旨。

其后隋大业间有道绰,唐贞观间有善导,皆铮铮大师也。禅宗、天台、法相、华严等诸宗,虽极盛于当时,然其教理甚深微妙,非钝根浅学人所能领解,故信奉者仅在士大夫。独净土宗,以他力教义,感化愚夫愚妇,凡难解之教理,概置不论,故其势力广被,披靡全国。善导禅师在世之时,屠肆殆无过问者云,其力量可见一斑矣。今世俗所谓"佛教"者,大率犹汲此宗之末流也。

(十)禅宗　法相、天台、华严,称教下三家,禅宗称教外别传。此四宗者,皆大乘上法,各有独到,而中国佛学界之人才,亦悉在于是矣。禅宗以不著语言、不立文字、直指本心、见性成佛为教义,一变佛教之窠臼。后此宋、明间儒、佛混合,皆自此始。此宗历史,相传灵山会上,释尊拈花,迦叶微笑,正法眼藏,于兹授受。其后迦叶尊者,以衣钵授阿难,中间经历马鸣、龙树、天亲等二十七代,密密相传,不著一字,直至达摩禅师。自迦叶迄达摩,是为印度二十八祖。达摩承二十七祖之命,东渡震旦,当梁武帝普通七年,始至广东。后入嵩山,面壁十年,始得传法之人,传已遂入灭。故达摩亦称震旦禅宗初祖。二祖慧可,三祖僧璨,四祖道信,皆依印度祖师之例,不说法,不著书,惟求得传钵之人,即自圆寂。至五祖弘忍,号黄梅大师,始开山授徒,门下千五百人,玉泉神秀为首座,竟不能传法。而六祖大鉴慧能,以不识一字之资春人,受衣钵焉。后神秀复师六祖,悟大法,于是禅宗有南、北二派,南慧能,北神秀也。六祖以后,钵止不传,而教外密传,遂极光大。尔后遂衍为云门、法眼、曹洞、沩仰、临济之五宗。宋、明以来,益滔滔披靡天下。今列禅门五宗表如下:

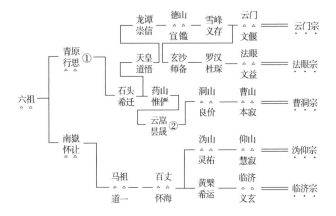

以上诸宗传授之大略也。至各派之长短得失,固非浅学所能言,亦非本论所应及,故从阙如。若吾国佛学之特色,及诸哲学说之尤精要者,请于次节试论之。

鄙人虽好佛学,然实毫无心得,凡诸论述,皆贫子说金之类而已。此节所记历史,据日本人所著《八宗纲要》、《十二宗纲要》、

《佛教各宗纲领》等书，獭祭而成，非能自记忆自考证也。但合彼十数万言之书，撮为数叶，亦颇勌耳。此等干燥无味之考据，知为新学界所不喜，但此亦是我国学术思想一大公案，学者所不可不知也。最而录之，亦足以省翻检之劳云尔。　著者识

第四节　中国佛学之特色及其伟人

美哉我中国，不受外学则已，苟受矣则必能发挥光大，而自现一种特色。吾于算学见之，吾于佛学见之。中国之佛学，乃中国之佛学，非纯然印度之佛学也。不观日本乎？日本受佛学于我，而其学至今无一毫能出我范围者。虽有真宗、日莲宗，为彼所自创，然真宗不过净土之支流，日莲不过天台之余裔，非能有甚深微妙，得不传之学于遗经者也。真宗许在家修行，许食肉带妻，是其特色，但此亦印度所谓"优婆塞"，中国所谓"居士"之类耳。若以此为佛徒也，何如禅宗直指本心，并佛徒之名亦不必有之为高乎？未尝能自译一经，未尝能自造一论，未尝能自创一派，以视中国，瞠乎后矣。此宁非我泱泱大国民可以自豪于世界者乎？吾每念及此，吾窃信数十年以后之中国，必有合泰西各国学术思想于一炉而冶之，以造成我国特别之新文明以照耀天壤之一日。吾顶礼以祝，吾跂踵以俟。高山仰止，景行行止。吾请讴歌隋、唐间诸古德之大业，为我

青年劝焉。

中国之佛学，其特色有四：

（第一）自唐以后，印度无佛学，其传皆在中国。基督生于犹太，而犹太二千年来无景教，景教乃盛于欧西诸国；释尊生于印度，而印度千余年来无佛教，佛教乃盛于亚东诸国：岂不悲哉！岂不异哉！佛灭度后数百年间，五印所传，但有小乘；小乘之中，复生分裂，上座、大众，各鸣异见，别为二十部。至五世纪，凡世纪皆以佛灭后计，下仿此。外道繁兴，大法不绝如缕。至六世纪末而有马鸣，七世纪而有龙树、提婆，九世纪而有无著、世亲，十一世纪而有清辨、护法，十二三世纪而有戒贤、智光，其可称真佛教者，不过此五百年间耳。自玄奘西游，遍礼戒、智诸论师，受法而归，于是千余年之心传，尽归于中国。自此以往，印度教徒，徒事论战，怠于布教。而婆罗门诸外道，复有有力者起，日相攻掊。佛徒不支，乃思调和，浸假采用婆罗门教规，念密咒，行加持，开教元气，销灭以尽。至十五世纪，而此母国已无复一佛迹。此后再蹂躏于回教，三侵蚀于景教，而佛学遂长已矣。转视中国，则自唐以来，数百年间，大师踵起，新宗屡建。禅宗既行，举国硕学，皆参圆理，其余波复披靡以开日本。佛教之不灭，皆中国诸贤之功也。中间虽衰息者二三百年，而至今又骎骎有复兴之势。近世南海、浏阳，皆提倡佛学,吾意将来必有结果。他日合先秦、希腊、印度及近世欧美之四种文明而统一之、光大之者,其必在我中国人矣。此其特色一也。

(第二)诸国所传佛学皆小乘,惟中国独传大乘。佛教之行,西讫波斯,北尽鲜卑,即西伯利亚。南至暹罗,东极日本,凡亚洲中大小百数十国,无不遍被。吾深疑耶教为剽窃印度婆罗门及佛教而成者。其言"天主",即韦陀论所谓"梵天"、"大自在天";其言"永生",即佛教所谓"涅槃";自余天堂地狱之论,礼拜祈祷之式,无一不与小乘法相类。古代希腊、埃及、犹太、印度,既有交通,如希腊大哲德黎,史家亦谓其尝至印度。然则印度宗教家言,流入犹太,亦非奇事。但未得确据,不敢断言耳。虽然,彼其所传皆小乘耳。日本佛学以中国为母,不在此论。盖当马鸣初兴时,而印度本教中人,固已纷纷集矢,谓大乘非佛说。大乘之行于印,实几希耳。故其派衍于外国者,无不贪乐偏义,谤毁圆乘。即如今日西藏、蒙古,号称佛法最盛之地,问其于《华严》、《法华》之旨,有一领受者乎? 无有也。独我中夏,虽魏、晋以前,象法萌芽,未达精蕴;迨罗什以后,流风一播,全国憬从,三家齐兴,别传崛起。隋、唐之交,小乘影迹,几全绝矣。窃尝论之,宗教者亦循进化之公例以行者也。其在野蛮时代,人群智识卑下,不得不歆之以福乐,慑之以祸灾,故惟权法得行焉。及文明稍进,人渐识自立之本性，断依赖之劣根，故由恐怖主义，而变为解脱主义，由利己主义，而变为爱他主义，此实法之所以能施也。中国人之独受大乘，实中国国民文明程度高于彼等数级之明证也。此其特色二也。

（第三）中国之诸宗派，多由中国自创，非袭印度之唾余者。试以第三节所列十宗论之：俱舍宗惟世亲造一论，印度学者竞习之耳，未尝确然立一宗名也；其宗派之成，实自中国。成实宗则自诃梨跋摩以后，竺国故书雅记，无一道及，其流独盛于中国。三论宗在印，其传虽稍广，然亦不如中国。至于华严，其本经之在印度，已沉没于若明若昧之域，据言：佛灭后七百年，龙树菩萨始以神力摄取《华严经》于海龙宫，是为本经流通之始。此等神秘之说，虽不足深信，然《华严》不显于印度，可想见矣。而宗门更何有焉？在彼惟有《大不思议》、《十地》两论，推阐斯义，馀无所闻。故依《华严》以立教，实自杜顺、贤首、清凉、圭峰之徒始也，虽谓华严宗为中国首创焉可也。又如禅宗，虽云西土有二十八祖，但密之又密，舍前祖与后祖相印接之一刹那顷，无能知其渊源，其真伪固不易辨。即云真矣，而印度千余年间，舍此二十八人外，更无一禅宗，可断然也。不宁惟是，后祖受钵，前祖随即入灭，然则千余年间，不许同时有两人解禅宗正法者，又断然也。若是则虽谓印度无禅宗焉可也。

然则佛教有六祖而始有禅宗,其犹耶教有路德而始有布罗的士丹也。若夫天台三昧,止观法门,特创于智者大师一人,前无所承,旁无所受,此又其彰明较著者矣。由此言之,十宗之中,惟律宗、法相宗、真言宗、净土宗,尝盛于印度;而其余则皆中国所产物也。试更为一表示之:

一、俱舍宗………印度有而不盛………中国极盛

二、成实宗………印度创之而未行……中国极盛

三、律　宗………印度极盛…………中国次盛

四、法相宗………印度极盛…………中国亦极盛

五、三论宗………印度有而不盛………中国极盛

六、华严宗………印度无……………中国特创极盛

七、天台宗………印度无……………中国特创极盛

八、真言宗………印度极盛…………中国甚微

九、净土宗………印度极盛…………中国次盛

十、禅　宗………印度无……………中国特创极盛

夫我国之最有功德有势力于佛学界者,莫如教下三家之天台、法相、华严与教外别传之禅宗,自余则皆支蘖附庸而已。而此四派者,惟其一曾盛于天竺,其三皆创自支那,我支那人在佛教史上之位置,其视印度古德何如哉!窃尝考之,印度惟小乘时代有派别,

佛灭后,小乘派分为二十部。初分为大众部、上座部,佛灭一世纪时所分也。次分为一说部、说出世部、鸡胤部,二世纪初叶所分也;次为多闻部,次为说假部,皆二世纪中叶所分也;次为制多山部、西山住部、北山住部,二世纪末叶所分也。此八派皆从大众部分出。次为说一切有部,三世纪初叶所分也;次为犊子部,复由犊子部分为法上部、贤胄⑭部、正量部、密林山部;次为化地部,复由化地部分为法藏部,皆三世纪中叶所分也;次为饮光部,三世纪末叶所分也;次为经量部,四世纪初叶所分也。此十派皆由上座部分出也。四世纪以后,小乘衰熄,大乘未兴,佛教几绝。而大乘时代无派别。大乘之兴,凡为三期:第一期则马鸣也,六世纪末。第二期则龙树、提婆也,七世纪。第三期则无著、世亲也,九世纪。皆本师相传,毫无异论,略似汉初伏生、申公、后苍等之经学。及其末流,护法、清辨、净空有于依他之上,戒贤、智光,论相性于唇舌之间,壁垒稍新,门户胎立,而法轮已转而东矣。盖大乘教义,萌芽于印度,而大成于支那,故求大法者,当不于彼而于我。此非吾之夸言也,殆亦古德之所同许也。此其特色三也。

(第四)中国之佛学,以宗教而兼有哲学之长。中国人迷信宗教之心,素称薄弱。《论语》曰:"未能事人,焉能事鬼?""未知生,焉知死?"子墨子谓程子曰:"儒以天为不明,以鬼为不神。"见《墨子·公孟》篇。盖孔学之大义,浸入人心久矣。佛、耶两宗,并以外教入中国,而佛氏大盛,耶氏不能大盛者何也?耶教惟以迷信为主,其哲理浅薄,不足以餍中国士君子之心也。佛说本有宗教与哲学之两方面,其证道之究竟也在觉悟,觉悟者,正迷信之反对也。其入道之法门也在智慧,耶教以为人之智力极有限,不能与全知全能之造化主比。其修道之得力也在自力。耶教日事祈祷,所谓借他力也。佛教者,实不能与寻常宗教同视者也。中国人惟不蔽于迷信也,故所受者多在其哲学之方面,而不在其宗教之方面。而佛教之哲学,又最足与中国原有之哲学相补佐者也。中国之哲学,多属于人事上,国家上,而于天地万物原理之学,穷究之者盖少焉。英儒斯宾塞,尝分哲学为可思议、不可思议之二科。若中国先秦之哲学,则毗于其可思议者,而乏于其不可思议者也。自佛学入震旦,与之相备,然后中国哲学乃放一异彩。宋、明后学问复兴,实食隋、唐间诸古德之赐也。此其特色四也。

---

① 《历代三宝记》卷一,记"始皇时,有诸沙门释利防等十八贤者赍经来化"。

② "摄摩"当作"摄摩腾"。

③ "支谶"原误作"支纤"。

④ "才"原误作"牙"。

⑤ "慧远"原写作"惠远"。下同

⑥ 通译"波罗末陀"。

⑦ "论"前应有"释"字。玄奘所译名《阿毗达摩俱舍论》。

⑧ "神泰"原误作"神秦"。

⑨ "慧沼"原误作"惠治"。

⑩ 《十二门宗致义记》的作者非窥基,乃是法藏。

⑪ "安清高"应作"安清"或"安世高"。《无量寿经》的译者非安氏。

⑫ "行思"原误作"行志"。

⑬ "昙晟"原误作"昙成"。

⑭ 原误作"胃",据《饮冰室合集》校改。

第七章 （阙）

第八章　近世之学术(起明亡以迄今日)

本论自壬寅秋阁笔,馀稿久未续成,深用歉然。顷排积冗,重理旧业。以三百年来变迁最繁,而关系最切,故先论之。其第六章未完之稿及第七章之稿,俟本章撰成,乃续补焉。　著者识

原稿本拟区此章为二:一曰衰落时代,一曰复兴时代。以其界说不甚分明,故改今题。　又识

第一节　永历康熙间

梁启超[①]曰:呜呼!吾论次中国学术史,见夫明末之可以变为清初,清初之可以变为乾、嘉,乾、嘉之可以变为今日,而叹时势之影响于人心者正巨且剧也,而又信乎人事与时势迭相左右也。自明中叶,姚江学派,披靡天下,一代气节,蔚为史光,理想缤纶,

度越前古。顾其敝也,摭拾口头禅,转相奖借,谈空说有,与实际应用益相远,横流恣肆,非直无益于国,而且蔑以自淑。逮晚明刘蕺山证人一派,已几于王学革命矣。及明之既亡,而学风亦因以一变。

吾略以时代区分之,则自明永历即清顺治。以讫康熙中叶,为近世第一期。于其间承旧学派之终者,得六人,曰孙夏峰、李二曲、陆桴亭、二张蒿庵、杨园、吕晚村;为新旧学派之过渡者,得五人,曰顾亭林、黄梨洲、王船山、颜习斋、刘继庄;开新学派之始者,得五人,曰阎百诗、二万充宗、季野、胡东樵、王寅旭;自余或传薪,或别起,皆附庸也,不足以当大师,凡为大师十有六人。其为学界蟊贼者,得四人,曰徐昆山、汤睢州、毛西河、李安溪。今以次论之。

程朱、陆王之争,最陋者莫如清初。所争者假程朱以诋陆王耳,党于陆王以诃程朱者,尚无其人。此当分别言之。然其风特煽自后起之诸小人儒耳,若夫遗老大师,各尊所闻,未始或相非也。其时以王学显者,莫如夏峰孙奇逢、二曲李中孚、梨洲黄宗羲,以朱学显者,莫如桴亭陆世仪、蒿庵张尔岐、杨园张履祥,皆彼此忻合,未尝间然。其始标门户以相排诋者,自陆陇其、熊赐履辈始。

请言旧派中之王学:晚明学风之敝,流为狂禅,满街皆是圣人,酒色财气不碍菩提路。猖幻至此,势固不得不有所因革。夏峰少与东林诸君子游,其传授濡染,纯出姚江;而晚年为《理学宗传》,特表周、二程、张、邵、朱、陆、薛、王及罗念庵、顾泾阳为十一子。二曲教学者,当先观象山、慈湖、阳明、白沙之书,阐明心性,直指本初;然后取二程、朱子及康斋、敬轩、泾野、整庵之书,玩索以尽践履之功。则两君子者之融洽门户,可概见也。次于孙、李、黄梨洲之学,别详下节。者,曰刁蒙吉包。蒙吉最崇拜高忠宪,而亦尊洛、闽。自余则有刘伯绳沪,戴山子、高汇旃世泰,忠宪子、沈求如国模、沈甸华昀,其学派大率出于顾、高,坚苦刻厉,鞭辟近里,有中明遗风,当时江、浙间传习甚盛。及康熙中叶,诸贤凋丧,而派亦中绝。

请言旧派中之朱学:桴亭、杨园,首以醇儒名,而其本师乃在戴山;蒿庵学无所承,专以笃谨苦行标宗。要之三君子者,犹宋之有泰山、徂徕,明之有康斋、敬轩也。其困勉笃行相类,其规模稍隘亦相类,然皆不敢有所诋诃于前辈。同时汲其流者,则有若应潜斋㧑谦、谢约斋文洊、李闇章生光诸先辈,最为知名。此派在永历、顺治间,其盛不如王学;雍、乾以后,亦殆泯灭。然究以时主所褐橥,故得援适者生存之例。媕阿托名于此间者,犹代有其人。俗论之语清初大儒,言王学者必举汤潜庵,言朱学者必举陆稼书。吾以为此二人于二百年来学界,无功而有罪者也,故不以列于此,而于本节末附论之。

　　其时旧学派中别有一大师焉,曰吕留良。留良字晚村[②],浙人,治朱学而能致用者也。自曾静之狱以后,蒙"大逆不道"之号,戮尸赤族,此后学者,无复敢习其学、称其人。然据雍正谕旨,称其尝以博学鸿词荐,誓死不就,以山林隐逸荐,乃剃发为僧;其大节与夏峰、二曲、亭林、梨洲相辉映也。又言吕留良一人倡导于前,全浙从风而靡,地方官吏,怵其党徒众盛,皆加意优礼;督抚到任,皆循例加礼,李卫亦曾赠送祠堂扁额云。是其学派之昌明普及,虽容城、鳌峰,有所不逮也。吾尝略钩稽群籍,窃疑清初讲学之盛,殆未有及吕氏者。彼其茹种族之痛,处心积虑以志光复,而归本于以学术合群,其苦心达识,百世下犹将见之。后世论晚村者,即不谓之大逆,亦不过以与八股家同类而并笑之。庸知夫隐于八股,而藉以为号召者,正晚村智深勇沉之征证也。其生平著述,或毁或禁,今无一存。余仅从旧籍中得见雍正间阁臣奉敕撰《驳吕留良四书义》一编,原文附见前简。虽割裂剥落,不见其真,然微言大义,犹有存焉。其独到处,固非寻常曲学所能梦也。余将别采其说,著之《饮冰室读书录》中。此避冗不具引也。故吾论顺、康间大儒,必数吕子。

　　所谓旧学派诸贤者,语其在学界上之位置,不过袭宋、明之遗,不坠其绪,未足为新时代放一异彩也。其可称近世学术史之特色者,必推顾、黄、王、颜、刘五先生。五先生之学,应用的而非理想的也。吾欲语其学,请先语其人。亭林自国变后,首倡义里中,赞鲁王监国[③]。鲁王败,欲赴海上通郑氏,道梗未达。遂浪迹四方,遍游秦、晋、齐、豫、燕、代、淮、浙,凡六谒孝陵,六谒思陵。末乃卜居陕之华阴,以为华阴绾毂山河之口,虽足不出户,而能见天下之人,闻天下之事;有警可以入山守险,若志在四方,则一出关门,有若建瓴。每出游,所至阨塞,即呼老兵退卒,询其曲折。史家谓先生既负用世略,不得一遂,所至每小试之,垦田度地,累致千金,而别贮之,以备有事。呜呼,此其志为何如,其才为何如哉!王不庵曰:"宁人身负沉痛,……奔走流离,……数十年靡诉之衷,曾不得快然一吐,而使后起少年推以多闻博学,其辱已甚,安得不掉首故乡,甘于客死。噫!可痛也。"《鲒埼亭集》引。由此观之,顾先生之为人何如也!梨洲少年袖锥,为父复仇,气节已轰一世。画江之役,纠里中子弟数百人,号世忠营,从孙嘉绩、熊汝霖倡义。江上军败,复入四明山,结寨自固。其后复副冯京第乞师日本,间关转徙,垂二十年。由此观之,黄先生之为人何如也!船山少年,自残肢体以赎其父。国变后,从桂王迁徙于肇庆、桂林、南宁间者,十有余年。缅甸覆没,乃赍志老牖下,终身不剃发,窜伏穷山四十余年,一岁数徙其处,故国之戚,生死不忘。由此观之,王先生之为人何如也! 习斋行事不少概见,然相传其折竹为刀、以胜剑客,磐控驰射,中六的焉。其著述往往叹息于宋氏之亡,才士摧折,不尽其用。由此观之,颜先生先生名元。之志犹顾、黄、王之志也。继庄益诡异矣。亭林以南人而足迹多在北,继庄以北人顺天大兴人。而足迹多在南。其所浪游,亦中国之强半。全谢山传之曰:"继庄出于改步之后,遭遇昆山兄弟,按谓徐乾学、徐元文。④而卒老死布衣;又其栖栖吴头楚尾间,漠不为枌榆之念,将无近于避人亡命者之所为,是不可以无稽也,而竟莫之能稽。"⑤按继庄之客昆山家,专为借读藏书云。又曰:"其人踪迹,非寻常游士所阅历,故似有所讳而不令人知。"由此观之,刘先生先生名献廷。之为人,与顾先生何酷相肖也! 综而论之,五先生皆抱经世之志,怀不世之才,深不愿以学著;而为时势所驱迫、所限制,使不得不仅以学著。于近世学术史上叙述五先生,五先生之遗痛也;虽然,近世学术史上而有五先生,又学术史之光也。

五先生之学,若顾、若王、若颜、若刘,皆前无所受。船山、习斋,更崛起山谷,与一时宿儒名士绝交通,可谓自得而深造者也。继庄平生讲学之友,所严事者曰顾畇滋⑥,曰彭躬庵,曰船山;而当时北学甚盛,或有所得于夏峰、二曲;其南游数十年,梨洲、亭林、季野，皆相往还，所得丽泽之益当不鲜。若顾先生，则更取精而用宏矣。五先生中，其所承学统最明者，莫若梨洲。梨洲亲受业蕺山，以接姚江之传。虽然，梨洲学自梨洲学，非阳明亦非蕺山也。要之五先生者，皆时势所造之英雄，卓然成一家言。求诸前古，则以比周、秦诸子，其殆庶几；后此惟南宋永嘉一派，陈止斋、叶水心、陈龙川一派。亦略肖焉。然以永嘉比五先生，则有其用而无其体者也；即所谓用者，亦有其部分而无其全者也。故吾欲推当时学派，为秦、汉以来二千年空前之组织，殆不为过。

五先生之学，有普通者，有特别者。请言其普通者：曰以坚忍刻苦为教旨相同也。习斋专标忍嗜欲、苦筋力之旨，为学道不二法门。近世余杭章氏以比诸罗马之斯多噶派，谅矣。亭林讲学，首倡行己有耻。其言曰："古之疑众者，行伪而坚；今之疑众者，行伪而脆。"其宗旨所在可知也。王、黄、刘虽不标名号，迹其生平行谊，非浮靡柔脆者所能望其肩背也。船山以不忍剃发之耻，颠顿窜伏于山谷者，数十年如一日，尤空前绝俗之行也。盖以身教，教之大者也。此其一。曰以经世致用为学统相同也。五先生之著述，可覆按也，彼其经世，非犹夫宋乾、淳间永嘉派之言也。其详别见下段。此其二。曰以尚武任侠为精神相同也。顾、黄、王三先生，历参鲁、唐、桂三王军事⑦，其勇略章章在耳目也。船山

《读通鉴论》、《宋论》、《黄书》、《噩梦》诸作,痛叹于黄族文弱之病,其伤心如见也。继庄绝世之秘密运动家也,惜其所志不遂,而其谋不彰也。习斋则屡言勇为达德,日与其徒肄于射圃,终身不衰也。以口碑所述,梨洲绝擅技击,友人某为余言,有剧盗欲学梨洲技击,苦不得阶进,乃伪为受业于门,三年,乃尽传之云。述者忘其记载所自出,真伪莫辨也。然观其袖锥入京师,谋复仇,则其擅技击谅不缪。亭林亦然,顾氏有三世仆,曰陆恩,叛投里豪,欲讦告亭林通海。亭林独潜往手擒之,数其罪湛诸水云。亭林膂力、技击可想见。习斋亦然。习斋削竹为刀以胜剑客,其术殆有所受也。凡此诚不足以为诸先生重,虽然,此亦国粹之一种,言尚武者所不可废也,吾昔常持论谓中国将来若讲体育,则如易筋术、拳术等,不可不改良而存之。日本之柔术、相扑术、剑术等,维新后而益昌,诚非无故也。此次日俄之役,日军每于突击获奇胜,论者多归功于此等旧术,而西人亦诧之不置云。而诸先生皆躬娴之。此其三。曰以科学实验为凭借相同也。亭林、梨洲、船山之著作等身,若地理,若历史,若音韵,若律历,皆有其所创见,夫人而知矣。以全谢山所作《继庄传》证之,其学亦岂让三子?习斋专主实行,而下手工夫,取的于《周官》德、行、艺之三物,盖亦以矫明末空谈之弊焉。传习斋学最亲切者,曰李刚主;观刚主之著述,可以知习斋矣。诸先生之著述评详下段。此其四。

　　请言其特别者：亭林之《日知录》，为有清一代学术所从出，尚矣。其《天下郡国利病书》及《肇域志》，虽未成之本，然后世言人文地理者祖焉，至今日其供学者参考之用者益广也。亭林深知生计与政治为切密之关系者也，故言之尤断断也。其生计学皆应用的也，彼小试之于垦辟而大效，惜不能尽其用也；不然，亭林一越之范蠡也。声音训诂，为百余年间汉学之中坚，其星宿海则自《音学五书》也；金石学自乾、嘉以来，蔚为大国，则亦《金石文字记⑧》为其先河也。故言清学之祖，必推亭林。诸先生之学统，不数十稔而俱绝，惟亭林岿然独存也。惜存者其琐节，而绝者其大纲；存者其形式，而绝者其精神也。亭林曰：今日只当著书，不必讲学。又曰：经学即理学。而后儒变本加厉，而因以诋理学而仇讲学者，非亭林所及料也。然亭林不能不微分其过也。

　　开拓万古、推倒一时者，梨洲哉，梨洲哉！《明儒学案》六十二卷，为一代儒林薮，尚矣；非徒讲学之圭臬，抑亦史界一新纪元也，学之有史，自梨洲始也。《明夷待访录》之《原君》、《原臣》诸篇，几夺卢梭《民约》之席；《原法》以下诸篇，亦厘然有法治之精神。此近世学子所既知，无俟吾喋陈也。《律吕新义》二卷，则后此言律学者祖焉。《句股图说》、《开方命算》、《测圆要义》诸作，启近世研究算学之端绪。其后梅定九文鼎本《周髀》言历，世称绝学，而不知实梨洲发起之。梨洲尝言句股法,乃周公、商高之遗,后人失之,而西人窃其传。梨洲诚魁儒哉!

　　船山最崇拜横渠,谓"(其学)如皎日丽天,无幽不烛,……惜其门人未有殆庶者;又以布衣贞隐之故,当时巨公,如文、富、司马,无繇资其羽翼,故其道之行,不逮周、邵"⑨。吾今于船山之学,亦云然矣。《正蒙注》、《思问录》两书,本隐之显,原始要终。浏阳谭氏谓五百年来学者,真能通天人之故者,船山一人,非过言也。《读通鉴论》、《宋论》两编,史识卓绝千古,其价值至今日乃大显,无俟重赞。抑《黄书》亦《明夷待访》之亚也,其主张国民平等之势力,以裁抑专制,三致意焉。吾昔抄录《读通鉴论》、《宋论》、《黄书》中发民权之理者,凡三四十条,文繁不备征。黄、王之轩轾,吾盖难言之。乾、嘉后汉学家之说经,往往有自矜创获,而实皆船山诸经稗疏所已言者。故船山亦新学派之一导师也。

　　习斋有《存性》、《存学》、《存治》、《存人》四编,其精华之论,皆在于是。号之曰"周、孔之学",以自别于程、朱。其言曰:以讲读为求道,其距千里也;以书为道,其距万里也。盖其学颇有类于怀疑派,而事事而躬之,物物而肄之,以求其是,实宋、明学之一大反动力,而亦清学最初一机椟也。雍、乾以后学者,莫或称习斋,然顾颇用习斋之术。但其术同,而所用之之目的地不同。以"实事求是"一语,而仅用之于习斋所谓其距万里之书,习斋其恫矣。乃者余杭章氏极推习斋,以为荀卿以后一人,其言或太过,然要之为一代大儒必矣。

五先生中,其最不显者莫如继庄,使非有全谢山一传,恐至今无复有道其名者,更靡论其学也。吾举继庄以厕于顾、黄、王之列,闻者其将咍之。虽然,继庄决不让诸君子。继庄所著书,或未成,或散佚,今传者惟一《广阳杂记》吴县潘氏所刻《功顺堂丛书》有之,得缘此以窥其崖略。继庄之学,最足以豪于我学界者有二端:一曰造新字。中国文字,衍形不衍声,以致国语不统一,而国民团结力因以大杀。今之识者,悁然忧之久矣。十年以来,新字问题,孳乳发生,而至今未有所成。乌知夫二百八十年前之先辈,早有从事者,则继庄之《新韵谱》也。全谢山云:"(继庄)《新韵谱》,以华严字母为本,而参之以天竺陀罗尼、泰西蜡顶(按即拉丁文也)、小西天梵书(按当是西藏语)暨天方(按即阿剌伯)、蒙古、女直等音。……(其法)先立鼻音二,以鼻音为韵本,有开有合,各转阴、阳、上、去、入之五音,阴、阳即上、下二平,共十声,而不历喉、腭、舌、齿、唇之七位,故有横转,无直送,则等韵重叠之失去矣。次定喉音四,为诸韵之宗,而后知泰西蜡顶话、女直国书、梵音,尚有未精者。以四者为正喉音,而从此得半音、转音、伏音、送音、变喉音;又以二鼻音分配之,一为东北韵宗,一为西南韵宗,八韵立,而四海之音可齐。于是以喉音互相合，凡得音十七；喉音与鼻音互相合，凡得音十；又以有余不尽者三合之，凡得音五；共三十二音为韵父，而韵历二十二位为韵母，横转各有五子，而万有不齐之声，摄于此矣。……(然后)取《新韵谱》为主，而以四方土音填之，则逢人便可印正"⑩云。按其书今不传，其所造字母，不可得而稽，其果适用与否，无从断言。要之真不朽之盛业也。使继庄在今日，遍通诸国语言文字，其成就可限量耶？ 二曰倡地文学。地文学今列于普通科，髫龀之子，入新塾者，往往能道。若夫五十年前，则举国学者，未或注意于是也，而继庄实发明之。全谢山云：继庄论向来方舆之书，大抵详于人事，而天地之故，概未有闻。当于疆域之前，别添数则，记其北极出地之度，与其节气之先后异同等。(中略)(按今泰西地理书，莫不有之矣。)燕京、吴下水皆东南流，故必东南风而后雨；衡、湘水北流，故必北风而后雨。诸方山水之向背分合，皆当按籍而列之。而风土之刚柔，暨阴阳燥湿之征，又可次第而求矣。(按：此皆极精之论，今泰西地理家言所最注意者，非有得于归纳论理学，不能道也。)诸方有土音，又有俚音，盖五行气运所宣之不同。各谱之为一则，合诸土产，则诸方人民性情、风俗之微，皆可推而见矣。(按地学之精微，至是而极。近世学者谓地理与群治有密切之关系，诚有察于此也。吾去年始见日本人木口长三郎所著《人生地理学》一书，举日本全土风俗、政治种种发达之差异，而悉纳之于地理，旁引泰西各国以为证，而皆有精确不磨之论据。吾读卒业,叹为得未曾有,而不知吾二百年前之先民,已有志于此业者。后起无人,大业不竟,谁之责也? 可叹可愧。)吾以为以继庄学顾、黄、王易,以顾、黄、王学继庄难。高山景行,吾向往焉。

由此观之,近世学术史上,所以烂然其明者,惟恃五先生;抑五先生不独近世之光,即置诸周、秦以后二千年之学界,亦罕或能先也。顾明之末、清之初,以何因缘,而得有此? 吾尝推原之,以晚明政治之腐败,达于极点,其结局乃至举数千年之禹域,鱼烂以奉诸他族,创巨痛深,自古所未尝有也。故瑰奇绝特有血性之君子,咸惕然于天下兴亡匹夫有责,深觉夫讲求实际应用的政论之不容已。此其由时势所造成者一也。姚江学兴,既举前此破碎支离之学而一扫之,晚明百年间学者,咸有发扬蹈厉之气,异于前代。儒之有侠风也,孕而育之者姚江也,五先生之学,皆有近墨子处,吾将别论之。故谓五先生以王学为原动力可也。但王学末流狂恣滋甚,徒以一二口头禅相尚。其对于自己也,去实践愈远;其对于社会也,去实用愈远。物极必反,然后诸君子不得不以严整之戒律,繁博之考证,起而矫之,故谓五先生为王学之反动力可也。两者兼然后此种特别之学派出焉。此其由旧学所造成者二也。五先生中,惟梨洲与王学有直接关系;其余若亭林、船山,于王学皆往往有所纠正,不表同情也;习斋则并宋、明而悉弃矣。故言五先生之学与王学有关系,闻者或疑焉。虽然,间接之影响,往往更大于直接,此不可不察也。使五先生生于他代,以其才与其学,必将有所藉手,著之实施,则无暇以学鸣,而其学之深造,必不逮是。顾以亡国遗民,义不可以立人之本朝,其所怀抱,不得不尽假诸竹帛。又其奔走国难,各间关数十年,于一切政俗利病,皆得之于实验调查,以视不出户而谈天下事者,与夫拥旄节以问民疾苦者,相去远矣。此其由诸先生之地位所造成者三也。综此三因,则此种学派,不产于他代,而惟产于永历、康熙之交,有以夫,有以夫!虽然,以诸先生之才、之学、之志、之节,各皆献身以尽瘁于国事,而卒无救于亡明,是则可痛也。若语其原因,盖甚复杂焉。以非本论范围,今略之。

同时学派,与五先生相近者,尚数人。于蜀有唐铸万甄,著《潜书》二篇四卷。乾隆间尝为禁书,今有重印者。近世学者,多知梨洲、船山,能发民权公理,而不知巴蜀山谷间,有唐氏者,与之作桴鼓应也。《潜书》上篇有《鲜君》篇、《抑尊》篇。《抑尊》篇云:"君日益尊,臣日益卑,是以人君之贱视其臣民,如犬马虫蚁之不类于我,其去治道远矣。"[11]又曰:"天子之尊,非天帝大神也,皆人也。"又曰:"位在十人之上者,必处十人之下;位在百人之上者,必处百人之下;位在天下之上者,必处天下之下。"《潜书》下《室语》篇云:"自秦以来,凡为帝王者皆贼也。……杀一人而取其匹布斗粟,犹谓之贼;杀天下之人而尽有其布粟之富,乃反不谓之贼乎?"⑫又《止杀》篇云:"覆天下之军,屠天下之城,以取天下,是食天下人之肉以为一人养也。"凡此诸论,自墨子、孟子以后,久矣夫不获闻矣。是真可与梨洲之《原君》、《原臣》相表里者。当二百年前能倡此,何可及也? 吾故不惮胪举之。于吴有陈确庵瑚,其学多得于桴亭,而尤好言经世。编全史为四大部,以政、事、人、文别之。政部分曹,事部分代,人部分类,文部分体。手书巨帙各数十,皆能背诵云。其精力真不可思议。所著述关于农田、水利、兵法者尤夥,而剑击之技妙天下。于鄂有胡石庄承诺,著《绎志》六十一篇二十余万言,自拟于徐干《中论》、颜之推《家训》,然论者谓其精粹奥衍,过于二书。此三君子者,亦崛起卓然,自成一家,其最章章者也。而顾景范祖禹之《读史方舆纪要》,亦旷古一绝作,其所得于亭林、继庄、季野者颇多云,亦此一派之一支流也。

梨洲有弟曰晦木名宗炎,侠气过于乃兄。其学之醇不及之,而精到处与之颉颃。于象纬、律吕、轨革、壬遁之学,皆有神悟,而著书亦数十卷,晚年以石函锢所著述,语其子曰:急则埋之。身后果有索者,子如其言。子卒,遂莫知所在云。一小梨洲也。万季野为梨洲高弟,最能传其学。下段别论之。其子百家,亦殆庶几。此黄学传授之大略也。习斋高弟曰李刚主塨,曰王昆绳源。刚主屡被荐辟不赴,晚年受声乐之学于毛西河,多所著述。昆绳挐挐以传颜学为己任,与方望溪多所辨难,见于《望溪集》。此颜学传授之大略也。船山崎岖山谷,其弟子无一有力者。继庄则兔起鹘落,不可方物,其名且隐,其学更无论也。亭林以不好讲学故,直接有力之弟子无一人,而二百年来汉学家,率宗尚之;虽然,以是为顾学,顾先生不任受也。然则五先生之学派,或身殁而绝,或一再传而遂绝,雍、乾以后,不复存于人间矣。厥后惟乾隆间全谢山祖望私淑梨洲,得其形似;近世谭浏阳私淑船山,青出于蓝。强编学案,则二君其选也。夫以五先生之魄力,能辟千古未辟之学统,而顾不自传诸其人,以光大于后世,则何以故? 吾将于次简论之。

同时学行与顾、黄、王、刘相类,而不以学名者,尚有一傅青主山,以任侠闻于鼎革之交。国变后,冯溥[13]、魏象枢尝强荐之,几以身殉。遂易服为道士,有问学者,则告之曰:"老夫学庄、列者也,于此间诸仁义事,实羞道之。"或强以宋诸儒为问,则曰:"必不得已,吾取同甫"云。虽然,史家谓其学自大河以北,莫能及者。盖有所愤而自隐,其志愈哀于黄、顾矣。当时黄冠、浮屠中如青主者不乏人,举其学最高者为代表云尔。流俗所以多知青主者,以其女科医方。实则青主非知医者,其方不过得自家传云。

言泰西近世文明进步之原动力者,必推倍根,以其创归纳论理学,扫武断之弊,凡论一事,阐一理,必经积累试验然后下断案也。前此亚里士多德所传之论理学,谓之演绎法。以心中所悬拟之理,命为前提,而因以下断案。至倍根起,谓寻常智慧,易有所蔽,所悬拟之前提,未必正确也。前提不正确,则断案亦随而俱缪矣。因用积累试验之法,既悬拟一理矣,不遽命为前提也,参伍错综,向种种方面以试验之,求其真是,乃始命为前提。是即所谓归纳法论理学也。审如是也,则吾中国三百年来所谓考证之学,其价值固自有不可诬者。何也? 以其由演绎的而进于归纳的也。泰西自十五世纪文学复兴以后,学者犹不免涉于诡辩,陷于空想,自倍根兴而始一矫之。有明末叶,正中国之诡辩空想时代也。乃明之亡,顾、黄、王、颜、刘诸子,倡实践实用之学,得其大者;阎、胡、二万、王、梅诸君,同时蔚起,各明其一体。其时代与倍根同,倍根生于明嘉靖四十年,卒于天启六年。其学统组织之变更,亦颇相类。顾泰西以有归纳派而思想日以勃兴,中国以有归纳派而思想日以销沉。非归纳派之罪,而所以用之者误其涂径也。

本朝学者以实事求是为学鹄,颇饶有科学的精神,而更辅以分业的组织;惜乎其用不广,而仅寄诸琐琐之考据。所谓科学的精神何也? 善怀疑,善寻间,不肯妄徇古人之成说与一己之臆见,而必力求真是真非之所存,一也。既治一科,则原始要终,纵说横说,务尽其条理,而备其左证,二也。其学之发达,如一有机体,善能增高继长,前人之发明者,启其端绪,虽或有未尽,而能使后人因其所启者而竟其业,三也。善用比较法,胪举多数之异说,而下正确之折衷,四也。凡此诸端,皆近世各种科学所以成立之由,而本朝之汉学家皆备之,故曰其精神近于科学。所谓分业的组织何也?生计家言,谓社会愈进于文明,则分业愈趋于细密。此不徒生计界为然也,学界亦然。挽近实学益昌,而学者亦益以专门为贵,分科之中,又分科焉。硕儒大师,往往终身专执一科以名其家。盖昔之学者,其所研究博而浅;今之学者,其所研究狭而深。如法律学一科学也,而国法、国际法、民法、刑法、商法等,各为分科。分科中,复有分科,如国法中,治宪法者,治行政法者,不相杂厕也;国际法中,治公法者,治私法者,不相杂厕也。凡诸学科,莫不皆然。学愈进则剖析愈精,而学者之分业愈行。本朝汉学家之治经,亦有类于是,乾、嘉以后学者,皆各专一书以终身,如段氏之《说文》,陈氏之《毛诗》,胡氏之《仪礼》,孔氏、陈氏之《公羊》。乃至或专事校勘,或专明金石,或专释地理,或专研声律,或专考历算。其分业愈精,其发明愈深。百年前之经学,其组织殆可称完备。故曰其组织近于分业。夫本朝考据学之支离破碎,汩没性灵,此吾侪十年来所排斥不遗余力者也。虽然,平心论之,其研究之方法,实有不能不指为学界进化之一征兆者。至其方法何以不用诸开而用诸闭,不用诸实而用诸虚,不用诸新而用诸陈,则别有种种原因焉。若民性之遗传,若时主之操纵,皆其最巨者也。盖未可尽以为诸儒病也。

本朝学派,以经学考据为中坚,以为欲求经义,必当假途于文字也,于是训诂一派出。以文字与语言相联属也,于是音韵古音一派出。又以今所传本之文字,或未可信据也,于是校勘一派出。以古经与地理多有关系也,于是地理一派出。以古经与天算多有关系也,于是天算一派出。以古代之名物制度与今殊异也,于是名物制度一派出。是为乾嘉时代最盛之支派。

言声音训诂学,而以汉以后字书为未足也,于是金石一派出。言地理而以域内为有限也,于是西北地理一派出。以今传之经籍为未完备也,于是辑佚一派出。崇古尊汉之极点,而以东汉之学术,其导源更自西汉也,于是今文经说一派出。是为乾、嘉以后续兴之学派。

推其考据经学者以及群史,于是钱辛楣、王西庄一派之史学出。推其考据经学者以及诸子,于是毕氏秋帆一派之子学出。彼非诚欲治子、史也,以经学之席位,已悉为前辈所占,不得已而思其次也,故谓之为经学之支流可也。若此者是为清代学术之正派。

　　此正派之初祖谁氏乎？曰阎百诗若璩，曰胡东樵渭。阎氏著《古文尚书疏证》，定东晋晚出二十五篇之伪，批郤导窾，霍然以解。胡氏著《禹贡锥指》，谓汉、唐二孔伪孔安国注及孔颖达疏，宋蔡氏蔡沈集传，于地理多疏舛，乃博引群书，以辨九州山川形势及古今郡国分合异同。此二书出，乃为经学界开一新纪元。夫二书者，各明一义，至为区区，而经学新纪元之名誉，不得不归之者何也？盖三百年来，学者以晋、唐以后之经说为不足倚赖，而必求征信于两汉，此种观念，实自彼二书启之。而其引证之详博周密，断案之确实犀利，尤足使读者舌挢心折，而唤起其尊汉蔑宋之感情。阎书专据康成以折伪孔，胡书多引郑注及《说文》以正孔疏蔡传。清儒之崇拜许、郑，其感情实自此二书始。盖二书直接之发明，虽局于一节，而间接之影响，则遍于全体也。故清学正派之初祖，必推二氏。

　　同时经学别派有二大师，曰鄞县万充宗斯大、季野斯同兄弟。充宗为《礼书》三百卷[14]，《春秋说》二百四十卷毁于火；季野为《读礼通考》百二十卷。此书冒徐乾学名，实皆出季野手。二万之学，不标汉、宋门户，其感化所及于清代学界者，不如阎、胡之巨，然言三《礼》者必祖之。寻秦蕙田有《五礼通考》之作。二万皆梨洲高弟，其学之大体，受自梨洲，而颛门罩精，更有所进。季野之史学，尤吸纳万流，推倒一世。虽然，万氏派之史学，不盛于清代。

经学与万氏派略相近者，有马宛斯骕，著《左传事纬》及《绎史》，顾宁人亟赞之。乾、嘉后学者病其家法不严，与《五礼通考》同讥焉，实则二书皆三百年来杰构也。雍、乾间有顾震沧栋高，著《春秋大事表》，其学统亦略近万氏。

中国于应用科学，无一足称者。其最发达莫如算，圣祖嗜此綦笃，复有西儒南怀仁辈备顾问内廷，高髻广额，流风寖被于后，于三百年来兹学之进步，颇有力焉。而开其先者，曰王寅旭锡阐、曰梅定九文鼎。王氏当前明徐文定光启修历之时，已潜心兹业，著《晓庵新法》六卷，梅氏致心折焉。顾亭林品评时彦，独首先生，曰"学究天人，确乎不拔，吾不如王寅旭"。其所造可知也。梅氏则三百年言算者所宗矣，所著算书凡二十五种六十卷。实二十九种，其孙毂成编校时删并为今数，即所传《梅氏丛书》是也。此后官书，如《律吕正义》、《历象考成》等，多本之。若算学于本朝学界上有价值者，则开宗之名誉，舍两先生无属也。

故吾以阎、胡、二万、王、梅为新学派之开祖。就中阎、胡影响最巨，诸人次焉。

孙、李、陆、吕、二张、顾、黄、二王、颜、刘、二万，皆明遗民，于新朝不肯受一丝一粟之豢养，非直其学之高，抑其节行又足以砥所学也。阎氏虽一应征，然未尝立于本朝。胡氏蚤岁力拒征辟，晚节圣祖南巡,献颂赐对,士论稍惜之。梅氏亦于南巡时强起召见。虽然,三先生者皆以处士终也。万充宗就明史馆席⑮,然不肯受官,自言欲握国史权,以报故国云,其志可敬也。故吾辈语诸先生,皆当号曰明儒,不当曰清儒;若夫语于学统,则固划然为一新时代,以明学目之焉,又不得也。

自有所谓以名臣兼名儒者,而清学始不竞矣。其最初有闻于时者,曰魏环极象枢、魏石生裔介、陆稼书陇其、张孝先伯行⑯。二魏以鲠介闻,新朝创法立制,多出其手,而于学界关系盖鲜。稼书肫笃明察,循吏之才。伯行敬慎廉介,硁硁自守,其行节无可议,然学太隘陋。稼书之言曰:"今之论学者无他,亦宗朱子而已。宗朱子为正学,不宗朱子即非正学。董子云:诸不在六艺之科、孔子之术者,皆绝其道勿使并进,然后统纪可一,法度可明。今有不宗朱子者,亦当绝其道勿使并进。"⑰伯行纂《性理正宗》,排斥陆、王,不遗余力。王学之绝,陆、张最有力焉。其人既见称于时主,其学益见重于流俗,思想自由,乃销蚀于无形之间。二氏个人之私德,不足赎其对于社会之公罪也。其纯然为学界蟊贼,煽三百年来恶风,而流毒及于今日者,莫如徐乾学、汤斌、李光地、毛奇龄。

近儒或以欧阳修、苏轼为宋学界之虬,其论稍过。若清之有徐乾学,其又下于欧、苏数等者也。清兴首开鸿博,以网罗知名士;不足则更征山林隐逸,以礼相招;不足则复大开明史馆,使夫怀故国之思者,或将集焉。上下四方,皆入其网矣,除吾所陈诸先生外,其幸免者寡也。而当时汲引最盛者,曰昆山徐。彼以南人,处文学最盛之区,一时魁儒大师,皆素所往还。既缘佞幸,骤获宠贵,则以利禄相歆,以威势相胁,而屡主文衡,久尸史职,务欲尽罗名宿,致诸门下。彼固不知学,而藉门下食客,以为之缘饰,既博礼士之名,复徼绩学之誉,佟然以稽古之荣为饵,而使一世廉耻,浸润以销灭。士之弁髦气节,以奔竞谄谀为尚,其受徐氏之影响者最多焉。不然,有明三百年之所养,何一旦扫地以尽,若是速也!

汤斌、李光地,皆以大儒闻于清初,而斌以计斩明旧将李玉廷[13],光地卖其友陈梦雷,而主谋灭耿、郑,皆坐是致贵显。然斌之欺君,圣祖察之,光地之忘亲贪位,彭鹏闽人,给事中,与光地同乡。劾之,即微论大节,其私德已不足表率流俗矣。而皆窃附程朱、陆王,以一代儒宗相扇耀,天下莫或非之。质而言之,彼二氏者,学术之醇,不及许衡,而骄弃名节与之相类;阶进之正,不及公孙弘,而作伪日拙与之相类。程朱、陆王之学统,不幸而见篡于竖子,自兹以往,而宋明理学之末日至矣。

　　毛奇龄乘时得位,不及昆山、睢州、安溪,而挟其雕虫炙輠之才,行以狂悖恣肆之态,其戕贼学界,亦颇有力。全谢山著《毛检讨别传》,于其生平行谊,魑魅罔两,无遁形矣。毛自谓画江之役,曾预义师,实则以鼓琴阶进于保定伯毛有伦,事败遂亡匿。毛尝亡命为僧,自谓以选诗获罪,其实则杀人罪也。尝闻绪论于阎百诗及施愚山,窃其唾余以自炫;及夤缘预词科得检讨,乃仇阎、施。其著《古文尚书冤辞》,专以强辩排百诗也,昔曾恩彼者,皆怨报之。既贵,弃其糟糠妇。妇尝对其门生张希良,尽发奇龄平生丑行,至不堪入耳云。此皆全氏《鲒埼亭集》外编所记也。论者或谓奇龄为两橛人,犹未知其真相耳。彼其辩才既便给,记载既杂博,乃遍仇前哲,以文其小人无忌惮之行,肆口嫚骂,汉以后人,无一得免。而其所最切齿为宋人,宋人之中,所最切齿者为朱子。迹其抨击,纯然市井无赖叫器者之所为,稍有学养者,未必为动。但承其时学风尊汉蔑宋之机已动,而遵毛氏之教,可以悉举名节闲检而荡弃之,而不失为大儒,其便学者之私图,孰有过是? 上既有汤、李辈以伪君子相率,下复有奇龄等以真小人自豪,而皆负一世重名,以左右学界,清学之每下愈况也,复何怪焉,复何怪焉! 后此袁枚、俞樾辈,皆直接汲毛氏之流;而间接受影响者,尚不可指数也。

　　自此以往,宋明学全绝,惟余经学考据,独专学界,烂然光华,遂入于近世第二期。

第二节　乾嘉间

　　吾论近世学派，谓其由演绎的进于归纳的，饶有科学之精神，且行分业之组织，而惜其仅用诸琐琐之考据。然则此学派之所以不尽其用者，原因何在乎？曰：是不一端，而时主之操纵其最也。自康、雍间屡兴文字狱，乾隆承之，周纳愈酷。论井田封建稍近经世先王之志者，往往获意外谴；乃至述怀感事，偶著之声歌，遂罹文网者，趾相属。又严结社讲学之禁，晚明流风余韵，销匿不敢复出现。学者举手投足，动遇荆棘，怀抱其才力智慧，无所复可用，乃骈骖于说经。昔传内廷演剧，触处忌讳，乃不得已专演《封神》、《西游》牛鬼蛇神种种诡状，以求无过。本朝之治经术者亦然，销其脑力及其日力于故纸之丛，苟以逭死而已。进化学家言：诸动物之毛羽为特别彩色者，皆缘夫有所避，而假以自卫。淘汰久之，而彩异遂独发达。挽近汉学之昌明，禀兹例也。流风既播，则非是不见重于社会，幽眇相竞，忘其故矣。呜呼，斯学之敝中国久矣！顾以二百余年瑰材轶能之士之脑识所集注，固一代思想之渊海也，可以无记乎？

　　吾曾以桴亭、杨园比诸宋之泰山、徂徕，此言其学之相近耳。

若以一代学界上位置论之,则阎、胡二子,可比孙、石;定宇、东原,其濂、洛也;高邮父子,其晦庵也。阎、胡为汉学祖,昆山亭林可谓祖之所自出。阎、胡之学实非传自昆山,但言汉学者多诵法昆山,故吾强名之。其俨然组织箸学统者,实始乾隆朝,一曰吴派,一曰皖派。吴派开祖曰惠定宇栋。定宇之先有何义门焯、陈少章景云、沈归愚德潜,皆尚通洽,杂治经史文辞。定宇承其祖元龙周惕、父天牧士奇家学,益覃精经术,世称"吴中三惠"。定宇著《九经古义》、《周易述》、《明堂大道录》、《古文尚书考》、《左传补注》,皆精博有心得。其弟子最著者,曰江艮庭声、余古农萧客、王西庄鸣盛、钱竹汀大昕、王兰泉昶。艮庭为《尚书集注音疏》,古农为《古经解钩沉》,虽罕下己见,而搜讨之勤,有足称者。王、钱益推其术以治史学。西庄有《十七史商榷》,竹汀有《廿二史考异》,皆其支流也。兰泉著《金石萃编》,以金石释经者宗焉。教于扬州,则有汪容甫中、刘端临台拱,稍稍上证诸子。汪所著《述学》有《荀卿通论》,刘著《荀子补注》。古农弟子曰江郑堂藩,撰《国朝汉学师承记》,清儒家法流派,可得而稽焉,亦一学史也。皖派开祖曰戴东原震。东原生休宁,章炳麟氏谓休宁于江南为高原,其民勤苦善治生,故求学深邃,言直核而无蕴藉,盖地理感化使然也。清代汉学,阎、胡作之,惠氏衍之,戴氏成之。东原少受学婺源江慎修永,治小学、《礼经》、算术、舆地,皆深通;复从定宇游,传其学。著《东原集》、《孟子字义疏证》、《方言疏证》、《考工记图》、《声韵考》、《声类表》、《尔雅文字表》[19]等,而关于历算、水地之著述犹多。其论学曰:"经之至者道也,所以明道者辞也,所以成辞者字也。必由字以通其辞,由辞以通其道,乃可得之。"乾、嘉间学者以识字为求学第一义,自戴氏始也。其乡里同学,有金辅之榜、程易畴瑶田,后有凌次仲廷堪及三胡匡衷、承珙、培翚,咸善治《礼》,而易畴尤明水地、声律、工艺、谷食之学,而皆取师资于东原。东原弟子著者曰任幼植大椿、卢抱经文弨、孔巽轩广森。幼植为《小学钩沉》。抱经专事校勘,《大戴记》、《逸周书》、《荀子》、《方言》、《释名》、《春秋繁露》、《白虎通》,皆所雠定,此外尚数种。古书自是可读焉。巽轩始治《公羊》,为言《公羊》学者之祖,然今文家弗善也。其尤著者曰金坛段若膺玉裁、高邮王怀祖念孙。若膺著《说文解字注》、《六书音韵表》,许学之渊薮也。怀祖著《广雅疏证》、《经传释词》[20],以经传、诸子转相证明,凡诸古书文义诘籀者,悉迎刃而解。以授其子伯申引之,作《经义述闻》,训诂之学,至是圆满矣。近世俞荫甫樾为《古书疑义举例》,禀高邮学,而分别部居之。而最近则马眉叔建忠著《文通》,亦凭借高邮,眉叔著书时,余在上海,居相邻,往往有所商榷,知其取材于《经传释词》、《古书疑义举例》者独多也。创前古未有之业。中国之有文典,自马氏始;推其所自出,则亦食戴学之赐也。当是时,天子方开四库馆以藻饰太平,而东原实总馆事。《四库书目提要》,其大部分出东原手,纪文达尸其名耳。彼之学既足以睥睨一世,而复祭酒于首善之区,以是戴氏学掩袭天下。清之汉学家,大率专事考据,不复与宋、明儒者争席。惟东原著《孟子字义疏证》及《原善》,以其心得者,以与新安、姚江争,则亦持之有故,言之成理。其言曰:"君子之治天下也,使人各得其情,各遂其欲。……君子之自治也,情与欲使一于道义。"而极言无欲为异氏之学,谓遏欲之害,甚于防川焉。此其言颇有近于泰西近世所谓乐利主义者,不可谓非哲学派中一支流。虽然,人生而有欲,其天性矣,节之犹惧不葸,而岂复劳戴氏之教猱升木为也。二百年来学者,记诵日博,而廉耻日丧,戴氏其与有罪矣。以上叙传授派别,颇采章氏《訄书》而增补之,且自下断案。著者附识。

　　吴、皖派别之说,出自江氏《汉学师承记》,而章氏辨之尤严。章氏谓吴学好博而尊闻,皖学综形名、任裁断,此其所以为异,谅也。虽然,东原固尝受学于惠氏,则吴、皖可云同源。戴之视惠,犹惠之视阎、胡也。故清之休宁,可比明之姚江。姚江出而举天下皆姚江学,即有他派,附庸而已;休宁亦然,乾、嘉间休宁以外之学术,皆附庸也。虽然,其学实仅盛于江左。江左以外,各省学子，虽往往传习，然不能成家。其稍有系统之可言者，则孔巽轩以其学衍于山东，继起者有郝恂九懿行、桂未谷馥，皆卓然成一家言。侯言模康以其学衍于岭南，阮芸台元督粤，创学海堂，辑刻《皇清经解》，于是其学风大播于吾粤。道、咸以降，江、浙衰则粤转盛。虽然，名家者无一焉。最著为陈兰甫澧，谬沟合汉、宋，以博剟获之誉，其细已甚，而去戴学抑愈远矣。

其时以大人先生而鼓吹左右兹学最有力者，曰纪晓岚昀、阮芸台元、毕秋帆沅，然皆不能自名其家，其著述或多假于食客之手，于学界殆不足道。而纪氏以佞幸处向、歆之地位，苟媚时主，微词尖语，颠倒黑白，于人心风俗所影响，固不细也。

惠、戴之学，固无益于人国，然为群经忠仆，使后此治国学者，省无量精力，其勤固不可诬也。二百年来诸大师，往往注毕生之力于一经，其疏注之宏博精确，诚有足与国学俱不朽者。于《易》则有惠氏栋之《周易述》，江氏藩之《周易述补》，张氏惠言之《周易虞氏义》；于《书》则有江氏声之《集注音疏》，王氏鸣盛之《后案》，孙氏星衍之《今古文注疏》；于《诗》则有马氏瑞辰之《传笺通释》，胡氏承珙之《后笺》，陈氏奂之《传疏》；于《礼》则有张氏惠言之《图》，胡氏培翚之《正义》；于《周礼》则有孙氏诒让，今人。之《正义》；于《春秋左氏传》则有刘氏文淇之《正义》[21]，《公羊传》则有陈氏立之《义疏》,《穀梁传》则有钟氏文烝之《补注》;于《论语》则有刘氏宝楠之《正义》;于《孝经》则有皮氏锡瑞，今人。之《郑注疏》;于《尔雅》则有邵氏晋涵之《正义》,郝氏懿行之《义疏》;于《孟子》则有焦氏循之《正义》:类皆旷古绝作。盖取精多,用物宏,时代使然也。西谚曰:"罗马非一日之罗马。"吾于陈硕甫之《毛诗》、胡竹村之《仪礼》、陈卓人之《公羊》、孙仲容之《周礼》见之矣。其在十三经以外者,则如孔氏广森之《大戴礼记补注》,龚氏丽正之《国语疏》,陈氏立之《白虎通疏证》,朱氏右曾之《逸周书校释》,其功皆足多焉。若段氏之《说文》,王氏之《广雅》,尤为兹学之中坚,前简论之,今不具也。

以上为乾、嘉间学统之正派。

其时与惠、戴学树敌者曰桐城派。方东树著《汉学商兑》,抨击不遗余力,其文辞斐然,论锋敏锐,所攻者间亦中症结。虽然,汉学固可议,顾桐城一派,非能议汉学之人,其学亦非惠、戴敌,故往而辄败也。桐城派巨子,曰方望溪苞、姚姬传鼐。方、姚固文人,而自谓尸程、朱之传,其实所自得者至浅薄。姬传与东原论学数抵牾,故经学家与文学家始交恶云。自宋欧阳庐陵有因文见道之说,厥后文士,往往自托于道学。平心论之,惠、戴之学,与方、姚之文,等无用也;而百年以往,国学史上之位置,方、姚视惠、戴何如哉？

自康、雍以还，号称以朱学名家者，若熊赐履、陈宏谋、陈鹏年、杨名时、朱轼、李绂、孙嘉淦，大率皆以高位负时望，承风者固以大儒之号奉之，实则于学界不有影响。盖宋学之微久矣，方、姚以后，益更不竞。其间惟王白田懋竑著《朱子年谱考异》，真治朱学者，一人而已。唐鉴著《国朝学案小识》，专持门户，而派别紊乱，文体拙劣，等诸自郐也。

复有浙东学派者，与吴派、皖派不相非，其精辟不逮，而致用过之。其源出于梨洲、季野，而尊史。其巨子曰邵二云晋涵、全谢山祖望、章实斋学诚。二云预修国史，以记诵之博闻天下，在国史馆中，先朝史册以数千计。总裁问以某事，答曰：在某册第几叶。百不失一云。江藩谓二云卒而江南之文献亡云。谢山于明末遗事，记载最详，故国之感，往往盈纸，南雷学统，此其一线也。实斋为《文史通义》，批却导窾，虽刘子玄^㉒蔑以过也；其《校雠通义》，启研究周秦学之端矣。吾于诸派中宁尊浙东。

赵瓯北翼之《廿二史劄记》，其考据之部分，与西庄、辛楣相类，顾其采集论断，属辞比事，有足多者。其派宁近于浙东。或曰，其攘章实斋遗稿者过半云。无左证，不敢妄以私德蔑前辈也。其余治史者多，率皆汲王、钱之流，不足道。

乾、嘉间王学之绝已久，中间惟罗台山有高、汪爱庐缙、彭尺木绍升，独从王学入，而皆归宿于佛门。台山、尺木，尤勇猛精进，大澈大悟，彼时代之一异色也。其学不光大，影响盖微。

第三节　最近世

其最近数十年来，崛起之学术，与惠、戴争席，而骎骎相胜者，曰西汉今文之学。首倡之者为武进庄方耕存与，著《春秋正辞》。方耕与东原同时，相友善，然其学不相师也。戴学治经训，而博遍群经；庄学治经义，而约取《春秋公羊传》。东原弟子孔巽轩广森，虽尝为《公羊通义》，然不达今文家法，肤浅无条理，不足道也。方耕弟子刘申受逢禄，始颛主董仲舒、李育，为《公羊释例》，实为治今文学者不祧之祖。逮道、光间，其学寝盛。最著者曰仁和龚定庵自珍，曰邵阳魏默深源。定庵有《文集》三卷，《续集》四卷。定庵，段茂堂外孙也，其小学多得自段氏，而经义则挹自庄、刘；又好治史，慕章实斋之学，言六经皆史；又学佛，欲排禅宗，衍教下三家。其思想盖甚复杂。然其于《春秋》盖有心得，能以恢诡渊眇之理想，证衍古谊。其于专制政体，疾之滋甚，集中屡叹恨焉。集中如《古史钩沉论》、《乙丙之际箸议》、《京师乐籍说》、《尊任》、《尊隐》、《撰四等十仪》、《壬癸之际胎观》等篇，皆颇明民权之义。其余东鳞西爪，全集往往见。又颇明社会主义,能知治本。龚集《平均篇》云:"至极不祥之气,郁于天地之间,郁之久乃必发,为兵燹,为疫疠。(中略)其始不过贫富不相齐之为之尔,小不相齐,渐至大不相齐,大不相齐,则至丧天下。"[23]此近世泰西社会学家言根本之观念也。当嘉、道间,举国醉梦于承平,而定庵忧之,儳然若不可终日,其察微之识,举世莫能及也。生网密之世,风议隐约,不能尽言,其文又瑰玮连犿,浅学或往往不得其指之所在。虽然,语近世思想自由之向导,必数定庵。吾见并世诸贤,其能为现今思想界放光明者,彼最初率崇拜定庵。当其始读《定庵集》,其脑识未有不受其激刺者也。夫以十年以来,欧美学澎湃输入,虽乳臭之子,其眇思醰[24]说,皆能轶定庵;顾定庵生百年前而乃有此,未可以少年喜谤前辈也。然定庵憔悴牢落不得志,其道力不足以自胜,故细行多不检,其恶习影响于新学界者,亦有焉。

前此治今文者,则《春秋》而已,至魏默深乃推及它经,著《诗古微》、《书古微》。《诗》主齐、鲁、韩,《书》主欧阳、大小夏侯,而排斥毛、郑,不遗余力。由今日视之,其无谓亦甚矣。然一家之言,不可诬也。余杭章氏谓齐、鲁、韩、欧阳、大小夏侯各有师法,故不一致;而齐、鲁、大小夏侯,尤相攻如仇。魏氏不知师法略例,一切混合,殊无条理。云云。是诚中魏氏之失。但今文经说中,虽互有歧异,然其歧异与今古文之歧异相比较,则异中仍从同也。譬之则如景教之新、旧教。新教中派别数十,亦各相非;然以之与罗马旧教相比较,则新、旧之异点甚大,而新派中之支派,其异点甚小也。不得以此遽抹煞魏氏学。魏氏又好言经世之术,为《海国图志》,奖厉国民对外之观念。其书在今日,不过束阁覆瓿之价值,然日本之平象山、吉田松阴、西乡隆盛辈,皆为其书所激刺,间接以演尊攘维新之活剧。不龟手之药一也,或以霸,或不免于洴澼絖,岂不然哉!

数新思想之萌蘖,其因缘固不得不远溯龚、魏。而二子皆治今文学,然则今文学与新思想之关系,果如是密切乎? 曰是又不然。二子固非能纯治今文者,即今文学亦安得有尔许魔力? 欲明其理,请征泰西。夫泰西古学复兴,遂开近世之治。谓希腊古学,果与近世科学、哲学,有不可离之关系乎? 殆未必然。然铜山崩而洛钟应者,其机固若是也。凡社会思想,束缚于一途者既久,骤有人焉冲其藩篱而陷之,其所发明者,不必其遂有当于真理也,但使持之有故,言之成理,则自能震耸一般之耳目,而导以一线光明。此怀疑派所以与学界革命常相缘也。今文家言,一种之怀疑派也。二百年间支配全学界最有力之一旧说,举凡学子所孳孳焉以不得列宗门为耻者,而忽别树一帜以与之抗。此几一动,前之人所莫敢疑者,后之人乃竞起而疑之;疑之不已,而傀诡之论起焉；俶诡之论多，优胜劣败，真理斯出。故怀疑派之后，恒继以诡辩派；诡辩派之后，而学界革命遂成立。此征诸古今中外而皆然者也。今文之学，对于有清一代学术之中坚而怀疑者也。龚、魏及祖述龚、魏之徒，则近于诡辩者也，而我思想界亦自兹一变矣。今勿具论。

与龚、魏相先后而其学统有因缘者，则有若阳湖李申耆兆洛、长洲宋于庭翔凤、仁和邵位西懿辰。宋氏傅会太过，支离太甚，不足以为巨子。李氏明算，长于地理，其治经则排斥《周官》特甚。邵氏则卓然一经师也。盖申耆始治今文《春秋》，默深始治今文《诗》、今文《书》，而位西则言今文《礼》，著《礼经通论》，以《逸礼》三十九篇为刘歆矫造。自是群经今文说皆出。而湘潭王壬秋闿运，壬秋弟子井研廖季平平，集其大成。王氏遍注群经，不断断于攻古文，而不得不推为今学大师。盖王氏以《公羊》说六经，《公羊》实今学中坚也。廖氏受师说而附益之，著书乃及百种，可谓不惮烦。其门人某著有《廖氏经学丛书百种解题》。又廖所著书，其目皆见于《光绪井研志》。而其说亦屡变，初言古文为周公，今文为孔子；次言今文为孔之真，古文为刘之伪；最后乃言今文为小统，古文为大统。其最后说，则戊戌以后，惧祸而支离之也。蚤岁实有所心得，俨然有开拓千古、推倒一时之概；晚节则几于自卖其学，进退失据矣。至乃牵合附会，摭拾六经字面上碎文只义，以比附泰西之译语，至不足道。虽然，固集数十年来今学之大成者，好学深思之誉，不能没也。盖自今古之讼既兴，于是朱右曾有《尚书欧阳夏侯遗说考》[25]，陈乔枞有《今文尚书经说考》、《三家诗遗说考》、《齐诗翼氏学疏证》，陈立有《公羊义疏》，专凭西汉博士说以释经义者间出，逮廖氏而波澜壮阔极矣。

吾师南海康先生，少从学于同县朱子襄先生次琦。朱先生讲陆、王学于举世不讲之日，而尤好言历史法制得失。其治经则综糅汉、宋、今、古，不言家法。康先生之治《公羊》治今文也，其渊源颇出自井研，不可诬也。然所治同，而所以治之者不同。畴昔治《公羊》者皆言例，南海则言义。惟牵于例，故还珠而买椟；惟究于义，故藏往而知来。以改制言《春秋》，以三世言《春秋》者，自南海也。改制之义立，则以为《春秋》者，绌君威而申人权，夷贵族而尚平等，去内竞而归统一，革习惯而尊法治。此南海之言也。畴昔吾国学子，对于法制之观念，有补苴，无更革；其对于政府之观念，有服从，有劝谏，无反抗。虽由霸者之积威，抑亦误学孔子，谓教义固如是也。南海则对于此种观念，施根本的疗治也。三世之义立，则以进化之理，释经世之志，遍读群书，而无所于阂，而导人以向后之希望，现在之义务。夫三世之义，自何邵公以来，久暗曶焉。南海之倡此,在达尔文主义未输入中国以前,不可谓非一大发明也。南海以其所怀抱,思以易天下,而知国人之思想,束缚既久,不可以猝易,则以其所尊信之人为鹄,就其所能解者而导之。此南海说经之微意也。而其影响波动,则既若此。近十年来,我思想界之发达,虽由时势所造成,由欧美科学所簸动;然谓南海学说无丝毫之功,虽极恶南海者,犹不能违心而为斯言也。南海之功安在?则亦解二千年来人心之缚,使之敢于怀疑,而导之以入思想自由之涂径而已。自兹以还,浏阳谭壮飞嗣同著《仁学》,乃举其冥想所得、实验所得、听受所得者,尽发之而无余,而思想界遂起一大革命。

挽近学界,对于孔子而试挑战者,颇不乏人。若孔子之为教主与非教主也,孔子在三千年来学界之功罪也,孔子与六家九流之优劣比较也,孔子与泰西今古尊哲之优劣比较也,莽然并起,为学界一大问题。顾无论或推尊之,或谤议之,要之其对于孔子之观念,以视十年前,划若鸿沟矣。何也?自董仲舒定一尊以来,以至康南海《孔子改制考》出世之日,学者之对于孔子,未有敢下评论者。恰如人民对于神圣不可侵犯之君权,视为与我异位,无所容其思议,而及今乃始有研究君权之性质,拟议其长短得失者。夫至于取其性质而研究之,则不惟反对焉者之识想一变,即赞成焉者之识想亦一变矣。所谓脱羁轭而得自由者,其几即在此而已。

综举有清一代之学术,大抵述而无作,学而不思,故可谓之为思想最衰时代。虽然,剥与复相倚,其更化之机,章章然次第进行。通二百六十年间观察之,有不可思议之一理趣出焉,非人力所能为也。顺治、康熙间,承前明之遗,夏峰、梨洲、二曲诸贤,尚以王学教后辈,门生弟子遍天下,则明学实占学界第一之位置。然晚明伪王学猖狂之习,已为社会所厌倦,虽极力提倡,终不可以久存,故康熙中叶遂绝迹。时则考据家言,虽始萌芽,顾未能盛。而时主所好尚,学子所崇拜者,皆言程、朱学者流也,则宋学占学界上第一之位置。顾亭林日劝学者读注疏,为汉学之先河。其时学者渐厌宋学之空疏武断,而未能悉折衷于远古,于是借陆德明、孔冲远为向导,故六朝、三唐学实占学界上第一之位置。惠、戴学行,谓汉儒去古最近,适于为圣言通鞮象,一时靡其风,家称贾、马,人说许、郑,则东汉学占学界上第一之位置。庄、刘别兴,魏、邵继踵,谓晚出学说非真,而必溯源于西京博士之所传,于是标今文以自别于古,与乾、嘉极盛之学派挑战。抑不徒今文家然也,陈硕甫作《诗疏》,亦申毛黜郑,同为古学,而必右远古,郑学日见掊击。而治文字者,亦往往据鼎彝遗文以纠叔重,则西汉学占学界第一之位置。乾、嘉以还,学者多雠正先秦古籍,渐可得读。二十年来，南海言孔子改制创新教，且言周秦诸子皆改制创新教。见南海所著《孔子改制考》卷二、卷三。于是于孔教宗门以内，有游、夏、孟、荀异同优劣之比较；南海尊《礼运》"大同"义，谓传自子游，其衍为子思、孟子。《荀子·非十二子》篇，其非思、孟之言曰："以为仲尼、子游，为兹厚于后世。"是其证也。子夏传经，其与荀卿之渊源，见于《汉书·艺文志》。故南海谓子游受微言以传诸孟子，子夏受大义以传诸荀子；微言为太平世大同教，大义为升平世小康教。因此导入政治问题，美孟而剧荀，发明当由专制进为立宪、共和之理。其言有伦脊，先排古文以追孔子之大义，次排荀学以追孔子之微言，此南海所以与井研异也。井研为无意识之排古，南海则有所为而排之，以求达一高尚之目的也。谤者或以为是康教非孔教，顾《礼运》《孟子》《公羊传》之言，不可得削也。就令非孔教而为康所托，其托之也，则亦于社会上有绝大关系明矣。夫在今日，虽以小学校之学僮，固莫不口英、美之政体，手卢、孟之著书矣。二十年前，昌言之者谁耶？知之者或多，昌之者惟一。或又曰：南海欲言则自言之耳，何必托于孔子？夫南海之于孔子，固心悦诚服者。谓彼为托，彼不任受也。抑亦思今日国中，闻立宪、共和之论而却走者，尚占大多数；二十年前，不引征先圣最有力之学说以为奥援，安能树一壁垒，与二千年之劲敌抗耶？孟子曰：知人论世。乌可以今而例昔也！鄙人非阿其所好，顾以为今后之学界，对于南海，总当表谢意，此公言也。今之青年，能译读南海所未读之新书,能受习南海所未受之学说,固也;顾其所发明、所心得,吾犹未知视南海何如。以吾所见南海所著之《大同学》,其渊眇繁赜之理想,恐尚非今之青年所能几也。(南海在印度始写定之,吾今春在香港始见之。其通于世间、出世间而斟酌不二法门,实有不可思议者存。吾未能多读西书,就所已见者,则南海之书,犹为创说也。以太骇俗,且当今日政界、学界无秩序之时,发布之必更滋流弊,故只得秘之。其手写本今在顺德麦孟华所。)藉曰过之也,亦地位所宜然。二十年后后辈之视我等,亦犹我等视二十年之前辈也。不然,今日日本之学生,任举一人,其所稗贩之学说,岂不多于福泽谕吉耶?非吾敬南海而欲强国人以敬南海,即吾于南海之说,其不肯苟同者,固往往有焉矣;顾其惠我以思想界之感化者,则乌可忘也!吾以为吾辈对于前辈之学说,其有粗略者,则补助之;其有不同意者,则驳正之,皆应尽之义务也。若嚣嚣然挟其一得,相率以轻薄之言,横相讽刺,甚乃毛举细故,为人身之攻击,适见其敖而浇耳。孔子曰:"民德归厚矣。"以不厚为学风,夫岂学界之吉祥善事耶?又近世新学者流,动辄以排孔为能。夫以支配二千年人心之一巨体,一旦开其思想自由之路,则其对之也,有矫枉过直之评论,是诚所难免。即鄙人于数年前保教之迷信,固亦弃掷之矣。虽然,日日掊击孔子,试问于学界前途果有益乎?夫今后国人之思想,其必不能复以二千年之古籍束缚之也,洞若观火矣。然则孔子学说,无论如何,断不能为今后进步之障,而攻之者岂复有所不得已者存也?彼狂妄少年,肆口嫚骂者,无伤于日月,不足道也;而一二魁儒之必与孔子为难者,则于旧伦理有所不满意。谓孔教以家族为单位,使我国久困宗法社会,不能入国民社会者孔子也;谓孔子假君主以威权,使二千年民贼,得利用之以为护符者孔子也。斯固然也,曾亦思"天下为公,选贤与能","不独亲其亲,不独子其子",非孔子之言耶? 在排孔者曷尝忘诸,顾隐而不言,而惟举其可难者以相难,则或有所为而亢世子法于伯禽,或侈其辩以为名高耳。夫二千年来之伦理,固一出于孔子小康教范围之内。而孔子著述言论,其属于小康范围者,十而八九,此无容讳者也。然谓此为孔子独一无二之教指,宁可谓平?《春秋》必立三世,则何以故也?《礼运》岂不明言丘未之逮而有志也? 试思孔子当日之社会,群雄角立,同族相竞,非希望得一强大之中央政府,何以为治? 而社会结合力薄弱之时,家族制度,又安可阙也? 孔子不欲导民以进化则已耳,苟其欲之,则安能躐小康之一阶级? 故大同之义,只能微言之,虚悬以俟后圣,是得为孔子罪矣乎? 我辈今日若以为小康之统,既积久而敝,不适于今也,则发其微言可耳。计不出此,而以国人最信仰之人物资敌,使民贼得盾焉以号召中立党而弱我,吾未见其利,而先睹其害耳。且一民族之心理,必有所系,然后能结合而为有秩序之进步。今当青黄不接之交,学者方怅怅无适从,而先取一最有价值之人物而踣之,在立言者之意,曷尝不欲补偏救弊,弃短取长? 其奈和之者必变本加厉,一啸而百吟,一趋而百奔,乃将曰:彼号为圣人、百世师者,其学识乃尚不及我,其训言安足信? 其所谓道德之责任安足守? 圣人、百世师且然,他更何论矣! 呜呼,是岂不举天下而洪水猛兽之也？今者其机已大动矣，仁人君子，可无惧耶？美总统卢斯福演说尝有言，谓业报馆者，作煽动之文字，最受一般之欢迎，而于国家无益；作忠实之文字，最受一般之冷视，而国家终收良结果焉。(卢氏业报馆二十年，自道其经验。)吾以为排孔论与夫与排孔论同性质者，皆煽动之类也。鄙人昔者固尝好为之矣，今则宁受多数之冷视，不愿受无益之欢迎，亦欲与国中有言责者共商榷之。偶有所触，言之曼衍，与标题之旨，几为马牛风。读者谅其为忠实之言，不苟责焉，固所望也。于孔教宗门以外，有孔、老、墨及其他九流异同优劣之比较。凡所谓辨，悉从其朔，故先秦学占学界第一之位置。今更表列其变迁之状：

第一期	第二期	第三期	第四期
顺康间	雍乾嘉间	道咸同间	光绪间
程朱陆王问题	汉宋问题	今古文问题	孟荀问题 孔老墨问题

上表不过勉分时代，其实各期衔接搀杂，有相互之关系，非能划若鸿沟。读者勿刻舟求之。

由此观之，本朝二百年之学术，实取前此二千年之学术，倒影而缫演之，如剥春笋，愈剥而愈近里，如啖甘蔗，愈啖而愈有味，不可谓非一奇异之现象也。此现象谁造之？曰社会周遭种种因缘造之。凡一社会之秀异者，其聪明才力必有所用。用之于一方既久，则精华既竭，后起者无复自树立之余地，故思别辟新殖民地以骋其脑识。宋学极盛数百年,故受以汉学;汉学极盛数百年,故受以先秦。循兹例也,此通诸时代而皆同者也。其在前两期,则霸者之所以监民也至严,学者用其聪明才力于他途,或将以自焚,故不得不自锢于无用之用,此惠、戴所以代朱、王也。其在第三期,天下渐多事,监者稍稍弛,而国中方以治经为最高之名誉,学者犹以不附名经师为耻,故别出一途以自重。吾欲名惠、戴一派为纯正经学,名龚、魏一派为应用经学,虽似戏言,实确论也。其在第四期,则世变日亟,而与域外之交通大开。世变亟,则将穷思其所以致此之由,而对于现今社会根本的组织,起怀疑焉;交通开,则有他社会之思想输入以为比较,而激刺之、淬厉之。康、谭一派,所由起也。要而论之,此二百余年间,总可命为"古学复兴时代"。特其兴也,渐而非顿耳。然固俨然若一有机体之发达,至今日而葱葱郁郁,有方春之气焉。吾于我思想界之前途,抱无穷希望也。

道、咸、同间,今文学虽兴,而古文学尚不衰,往往有名其家者,说详前节。治经之外,则金石一学,几以附庸蔚为大国。郡国往往于山川得鼎彝,虽真赝间杂,然搜讨之勤,亦足多也。西人治史者,皆以此为一重要之补助学科。前辈致力于此,为将来撰国史者储材,致可感谢矣。如最近发见龟甲文字,可为我民族与巴比伦同祖之一证,孰谓其玩物丧志也耶? 咸、同间好之者遍天下,而福山王廉生㉘懿荣、吴县潘伯寅祖荫、满洲盛伯熙昱,最名其家。又古佚书亦史学补助学科所必需。挽近以来,辑佚学大盛,亦为后史造资料。最博备者,则乌程严景文可均之《全上古三代汉魏文》,历城马竹吾国翰之《玉函山房辑佚书》。自龚定庵好言佛,而近今学界代表之数君子,大率与定庵有渊源,故亦皆治佛学,如南海、壮飞及钱塘夏穗卿曾佑其人也。虽由其根器深厚,或其所证过于定庵,要之定庵为其导师,吾能知之。定庵与学界之关系,诚复杂哉!

天算之学,自王寅旭、梅定九大启其绪,尔后经师殆莫不明算,故诸实用科学中,此为独盛。阮氏元《畴人传》,罗氏士琳《畴人传补》,备载之。咸、同间,则海宁李壬叔善兰、金匮华若汀衡芳,最名家。壬叔续译成《几何原本》,若汀译《奈端数理》,未卒业。若汀先生,于丁酉冬,以其所译《奈端数理》,属鄙人使校印之。未印而戊戌之难作,行箧书物悉散佚,兹编与焉。七年来,耿耿负疚,不能去怀。微闻此编未遭浩劫,为竞卖者所得,未知今归谁氏。海内君子,有藏之者,幸付梓人,公之于世。既以惠我学界,亦使鄙人对于译者,得赎重咎也。

海禁既开,译事萌蘖。游学欧、美者,亦以百数,然无分毫影响于学界。惟侯官严几道复,译赫胥黎《天演论》、斯密亚丹《原富》等书,大苏润思想界。十年来思想之丕变,严氏大有力焉。顾日本庆应至明治初元,仅数年间,而泰西新学,披靡全国。我国阅四五十年,而仅得独一无二之严氏,虽曰政府不良,有以窒之,而士之学于海外者,毋亦太负祖国耶？戊戌、庚子以还,日本江户,为辇迁新思想之一孔道。逾海负笈,月以百计,学生阗黉塾,译本如鲫鱼,言论惊老宿,声势慑政府。自今以往,思想界之革命,沛乎莫之能御矣。今始萌芽,虽庞杂不可方物,莫能成一家言,顾吾侪今日,只能对于后辈而尽播种之义务,耘之获之,自有人焉。但使国不亡,则新政府建立后二十年,必将有放大光明、持大名誉于全世界学界者。吾诇诸我先民,吾能信之。虽然,吾更欲有一言:近顷悲观者流,见新学小生之吐弃国学,惧国学之从此而消灭。吾不此之惧也。但使外学之输入者果昌,则其间接之影响,必使吾国学别添活气,吾敢断言也。但今日欲使外学之真精神,普及于祖国,则当转输之任者,必邃于国学,然后能收其效。以严氏与其他留学欧、美之学僮相比较,其明效大验矣。此吾所以汲汲欲以国学为我青年劝也。

---

① 在《新民丛报》刊出时,"梁启超"原作"新民子"。

② "晚村"乃吕留良之号而非字。

③ 赞鲁王监国乃黄宗羲事,非顾氏行迹。

④ "徐元文"原误作"徐文元"。

⑤ "老死"后原有"于"字。

⑥ "顾畇滋"原误作"顾昀滋"。

⑦ 与唐王有联系者乃顾氏,而非黄氏。

⑧ 原误作"说",据《饮冰室合集》校改。

⑨ "惜"字原无,"又以"以下原作"而当时巨公耆儒如富、文、司马诸公,张子皆以素位隐居而末繇相为羽翼,是以其道之行,曾不得与邵康节之数学相与颉颃"。

⑩ "以华严"句原作"其悟自华严字母入","泰西蜡顶"下原有"话"字;"逢人"前原无"则"字。

⑪ "其去"原作"贤人退"。

⑫ "乃"原作"而"。

⑬ "冯溥"原误作"冯铨",据全祖望《阳曲傅先生事略》改。

⑭ 据黄宗羲《万充宗墓志铭》,万氏所著为《学礼质疑》二卷,《周官辨非》二卷,《仪礼商》二卷,《礼记偶笺》三卷。

⑮ 就明史馆席者乃万季野,非万充宗。

⑯ 原误作"张伯行孝先",据《饮冰室合集》校改。

⑰ "为正学"与"即非正学"前原均有"者"字,"董子云"原作"汉儒不云乎","法度"前原有"而"字,"今有不宗朱子"下原有"之学"二字。

⑱ "廷"原误作"庭"。

⑲ 书名原为《尔雅文字考》。

⑳ 《经传释词》为王引之著。

㉑ 书名原作《左传旧疏考正》。

㉒ "玄"原写作"元"。

㉓ "则"原作"即"。

㉔ 原作"谭",据《饮冰室合集》校改。

㉕ 此书实为陈乔枞所著。

㉖ "廉"原误作"莲"。